# Heinz Duthel

# *Parasicología*

Telepatía, clarividencia, fantasmas, lectura de
mentes, vida después de la muerte.

9 783748 119173

Información bibliográfica de la Biblioteca Nacional de Alemania:
La Biblioteca Nacional de Alemania incluye esta publicación en la Deutsche Nationalbibliografie; Los datos bibliográficos detallados están disponibles en Internet en http://dnb.dnb.de.

Máster en Filosofía Oriental, Máster en Acupuntura, Acupuntura Auricular, Universidad de Barcelona, España.
libros@parapsychologie.club
Ilustración: Parapsychologie.club
Traducción: Parapsychologie.club
Producción y publicación: BoD - Books on Demand, Norderstedt
ISBN: 9783748119173

¿A dónde va la conciencia después de la muerte?

## 1. Experiencias cercanas a la muerte, verificadas

Si bien la mente popular ya ha introyectado la noción de experiencias cercanas a la muerte (desde películas como Flatliners o el libro de Raymond Moody, Life After Life), la ciencia considera que estas experiencias, lejos de probar algo, son solamente alucinaciones generadas por alteraciones neurológicas propias de la inminente muerte. Sin embargo, existen casos que parecen remitirnos a experiencias que van más allá de la subjetividad inherente. Estas experiencias han sido llamadas en inglés "veridical NDEs", y reportan casos en los que la persona que yace al borde de la muerte ha podido relatar información que no debería de haber sido posible de percibir (como puede ser vía una experiencia de desdoblamiento corporal o outer body experience). La literatura recoge un caso publicado en la revista científica, The Lancelot, en el que un hombre de 44 años que entró en estado de coma, ya sin pulso, y que usaba una dentadura postiza, luego pudo identificar a la enfermera que sabía dónde estaba su dentadura, la cual había sido removida cuando él estaba inconsciente. El paciente más tarde relató haberse observado a sí mismo en la cama al tiempo que las enfermeras lo intentaban resucitar y guardaron su dentadura.

Analizando 107 casos diferentes, la investigadora Janice Miner Holden concluye que existe evidencia "para convencer a la mayoría de los escépticos de que estos reportes son más que meras alucinaciones de parte del paciente".

## 2. Experiencias de Peak-in-Darien

Un libro de 1882 llamado The Peak in Darien, escrito por Frances Cobbe, hace referencia a un incidente en el que una mujer, parte de una familia muy unida, mientras estaba internada en el hospital recibió la visita de tres de sus hermanos que estaban muertos y poco después se unió un cuarto, el cual se creía aún vivo. Poco después se supo que el cuarto hermano había muerto recientemente en su residencia en India. Este tipo de experiencias de muertes anunciadas o visitas de individuos que se creían aún vivos han llegado a conocerse como experiencias del Pico de Darien y existen docenas de ellas en la literatura médica.

## 3. Médiums

El siglo XIX vio el surgimiento del mesmerismo y todo tipo de supuestos fenómenos paranormales, incluyendo la comunicación con los espíritus a través de un médium, o de una persona con una sensibilidad especial para entablar conversaciones con los muertos. La Society for Psychical Research, conformada por algunos de los académicos más destacados de su tiempo, se dio a la tarea de investigar estos fenómenos y aunque descubrió que en la mayoría de los casos se trataba de charlatanería, en algunos no pudieron más que determinar que existía algún tipo de comunicación extrasensorial con los muertos. Tal fue el caso de Leonora Piper, estudiado por Richard Hodgson, quien declaró que "los principales 'comunicadores' han sobrevivido el cambio que llamamos muerte y se han comunicado directamente con nosotros... a través del organismo en trance de la Sra. Piper". Otros miembros de esta destacada sociedad de investigación psíquica estuvieron de acuerdo con Hodgson en su estudio de diferentes casos, incluyendo a Frederic Myers, uno de los miembros fundadores.

Aunque la práctica de los médiums es considerada como superchería por la ciencia moderna, recientemente la Dra. Emily Kelly, de la Universidad de Virginia, encontró un par de casos en los que las probabilidades de las respuestas arrojadas por los médiums superan sobradamente la variación estadística.

## 4. Extraños fenómenos en el lecho de muerte

Las visiones de túneles de luz, entidades angelicales o emociones de amor océanico reportadas por personas cerca de la muerte son descartadas como las alucinaciones propias de un estado de estrés y alteración neural, sin embargo, existen numerosos casos en los que los reportes de estas personas secundados por otras personas en la misma habitación, convirtiendo estas alucinaciones en percepciones compartidas. El investigador Peter Fenwick ha recopilado numerosos testimonios de enfermeras y cuidadores que también dicen haber observado una luz radiante envolviendo a la persona que está cerca de morir, en ocasiones reportando las mismas visiones que familiares. Estas experiencias, si bien no determinan necesariamente que existe una vida después de la muerte si parecen indicar que las condiciones psicoambientales se ven afectadas por el proceso de muerte hasta el punto de que se puede influir colectivamente en la realidad experimentada.

5. Experiencias cercanas a la muerte relatadas vía médiums

El Dr. Horace Ackley, enfermo en el hospital, se descubrió a sí mismo alzándose por sobre su cuerpo. En ese momento pudo ver toda su vida moviéndose en torno suyo como un panorama escénico a alta velocidad. Ackley entonces notó que debía de estar muerto y se sintió complacido de saber que la muerte era una experiencia placentera. Su único arrepentimiento era no poder informarle a sus amigos y familia que todo estaba bien y que él seguía existiendo. En este punto, un par de espíritus guardianes lo recibieron y lo llevaron a una habitación donde se reunió con otros espíritus que le eran queridos.

Esta parece ser una experiencia cercana a la muerte típica, sólo que ese día Ackley sí murió. Su experiencia fue relatada por Samuel Paist de Filadelfia, en 1861 en su libro A Narrative of the Experience of Horace Abraham Ackley, M.D., mucho antes de que se pusiera de moda hablar sobre las experiencias cercanas a la muerte. Como este caso, experiencias de desdoblamiento astral en la muerte, que son transferidos a la conciencia de otra persona abundan en la literatura, según Greg Taylor, justamnte como si ese anhelo del muerto de transmitir a los demás lo que descubre lograra encontrar un vehículo.

# Parasicología

Telepatía, clarividencia, fantasmas, fantasmas, lectura de mentes, vida después de la muerte.

Las percepciones extrasensoriales tienen una larga tradición.

Los espíritus y el contacto con los difuntos, es eso posible ...

No están muertos, solo que en un estado de conciencia diferente.

Aunque nos gusta decirles a nuestros hijos que no hay fantasmas, monstruos y fenómenos terribles similares, y que nosotros mismos, como personas de mente racional, descartan su existencia, existen cuando uno cree en ello.

Entonces son parte de su propia realidad. Aquellos que no tienen miedo viven con eso en "buen acuerdo". Solo las historias de horror que escuchas o lees y te haces cargo de ti mismo hacen de estos fenómenos un problema.

Por lo tanto, vale la pena llegar al fondo de las muchas representaciones falsas, las opiniones y los temores asociados. Especialmente los niños son "receptivos" a tales percepciones, por lo que es importante explicarles qué es "ahí" y no agravar su inseguridad al negar o promover el miedo.

Mucho de antemano: el miedo es causado por lo desconocido. Cualquiera que conozca el fondo puede manejarlo sin miedo. No hay nada que temer.

Empecemos con la variante "más inofensiva". Los sobrevivientes informan a menudo que los fallecidos de alguna manera se hacen sentir. ¿Es eso imaginación, ilusión o realidad?

La respuesta no está clara aquí.

El contacto en cualquier caso requiere resonancia, alguien que no crea en las oportunidades de contacto no se dará cuenta. El deseo mutuo es una consonancia que es necesaria para que los mensajes sean recibidos y comprendidos. Realmente, en el sentido de "acción", es todo lo que nos mueve.

Somos los creadores de nuestra realidad. Entonces puede suceder que percibamos cosas que son reales para nosotros, pero solo para nosotros. Las relaciones con el alma son muy "personales", incluso si una de las almas no existe físicamente. Pero también puede ser que nuestra intuición nos engañe. y que interpretamos algo en eventos o cosas porque nuestra incapacidad para lidiar con los eventos nos supera. Un estado mental equilibrado, sin presión, sin un sentimiento de falta es mejor para un contacto que lamentos y desesperación.

La pena por la pérdida nos lleva a una vibración emocional solo por pensar en el fallecido, en las experiencias con él, en las preguntas abiertas que a uno le hubiera gustado plantear, en las cosas que aún nos gustaría decir. A menudo es la pregunta de "por qué" y "¿está bien?"....

Pero el proceso de dejar ir en ambos sentidos. Es parte de la transición del alma a la existencia no física y, por lo tanto, a menudo tiene el deseo de "asegurarse" de que todo está en orden. También tienes que tener toda una vida en la vida para comenzar realmente una nueva vida. Cuando se trata de un contacto, puede suceder en un sueño, pueden ser "señales" que quieren transmitirnos algo o incluso la sensación de que recibimos un mensaje en nuestros pensamientos. Entonces, es importante transmitirlo al fallecido. para que se vaya, es decir, continúe su camino, mientras nosotros continuamos nuestro camino.

Si hubo una oportunidad para hablar sobre la muerte y lo que viene después durante la vida, será más fácil para ambas partes y la transición se asociará con menos dolor, tristeza y temores.

He encontrado en alguna parte de la red veces una lista de las diez cosas más importantes que le gustaría contarle al alma de un difunto que fue afligido:

1. No están muertos, solo en un estado de conciencia diferente.

2. Nos disculpas por el dolor que ha causado tu muerte física. Estan bien

3. No hay tal cosa como el diablo o el infierno.

4. Estaban listos para irse cuando se fueron.

5. No estás listo.

6. Finalmente entendieron lo que les faltaba aquí.

7. Nada puede prepararte para la belleza del momento en que llegas.

8. Incluso si no lo entiendes todavía, la vida es extremadamente justa.

9. Tus mascotas son tan locas, brillantes y amorosas como lo estaban allí.

10. La vida se trata realmente del amor, pero no solo de amar a quienes te aman ...

Esta lista no es "oficial" o aprobada de otra manera. Pero para mí, refleja bien el núcleo del contacto con el fallecido: todo está bien como está.

También hay almas que luchan por abandonar la existencia física. Las almas jóvenes sin experiencia tienen que tomar más tiempo para encontrar el "camino a la luz", como siempre dicen tan bellamente y como se ha mostrado en la serie de televisión. Una vez más, no está lleno, el tiempo que se necesita está disponible. La familia del alma y los guías del alma apoyarán, pero nunca intervendrán. Las almas que aún no se han separado completamente de la existencia física pero que ya no están en el cuerpo físico todavía están en el proceso de mirar hacia atrás en su última vida. Antes de que se complete este proceso, el fragmento de alma no puede volver a unirse a la esencia. Sólo las experiencias procesadas y las percepciones están integradas en la esencia.

Los fragmentos de alma en el estado que se acaba de describir se encuentran en el nivel más bajo del plano astral. Sus intentos de conectarse con el mundo físico pueden tomar muchas formas. Buscan ayuda y "espíritus" en el verdadero sentido de la palabra.

Los poltergeists buscan atención a través

del ruido, su energía es apenas suficiente. A menudo se sienten atados a un lugar que tiene un significado para ellos en la vida. Allí "rondan" alrededor.

Obsesión, visitación o persecución por los fantasmas son términos caracterizados por nuestro miedo. Estas son experiencias muy personales que otros no perciben y, por lo tanto, a menudo no nos creen. La propia percepción de que es "negativa" y la nomenclatura correspondiente se basa en explicaciones unilaterales. Un intento de explicar los fenómenos que no se pueden explicar hace que sea fácil caer en la trampa del miedo. La incertidumbre y la impotencia pueden asustarte.

## ¿Qué hay detrás de esto?

Son "gritos de ayuda" de las llamadas almas perdidas, que se expresan por "apego" a la corporeidad de otras almas. Por supuesto, no están perdidos, pero se encuentran en un estado de debilidad energética porque ya no son físicos y aún no han regresado al plano astral. Esta condición te hace indefenso. En el sentido positivo, eso significa que no pueden hacernos daño, no tienen poder sobre nosotros, no debemos tener miedo. En el sentido negativo, buscan obtener energía de nosotros, usarnos. Pero solo hay un adjunto si lo permitimos.

Un permiso no se otorga "conscientemente", sino por miedo o por compasión (lo veré más adelante) de manera inconsciente. Ambas variantes permiten un flujo de energía. Entonces, estos son fenómenos que deben ser apoyados por la fe de las personas involucradas. Solo a través de nuestra propia energía es imposible el "fantasma" del difunto en nuestra percepción.

Solo obtienen la energía necesaria de las personas a las que se aferran, solo cuando están listas. Las personas que creen en los fantasmas son susceptibles a los fantasmas. Las personas que no creen en ella nunca se encontrarán en la situación de ver o experimentar espíritus. Ellos "racionalizarían" cualquier intento.

La mejor estrategia para ayudar a las personas que experimentan fantasmas o ser perseguidos por fantasmas es hacer que se den cuenta de que sin su permiso (inconscientemente, creyendo en ello), ningún fantasma puede tener poder sobre ellos. La iluminación es necesaria aquí, pero a menudo será difícil.

Los exorcistas no hacen nada más. No exorcizan un espíritu, pero dan a las personas afectadas a través de un ritual el sentimiento de que serán liberados. La sola creencia en él detiene el flujo de energía y, por lo tanto, el apego. Con nuestras creencias y pensamientos, creamos nuestra realidad, tanto positiva como negativa.

Volvamos a la "variante de la compasión". ¿Cómo podemos ayudar a un alma a separarse del mundo físico y encontrar su camino de regreso al plano astral?

Las almas "no salvas", como a menudo se las llama, solo pueden redimirse. No requiere un acto de salvación a través de nosotros. Solo podemos ayudar a otras almas a encontrar su propio camino mostrando caminos. Cada alma tiene que seguir su propio camino. Sigue siendo su elección y decisión.

Cuando un alma busca nuestra ayuda "entre los mundos" y trata de llamar nuestra atención a través de los pensamientos y sentimientos, también es importante darse cuenta de que no hay razón para la timidez. La fuerza reside en nosotros.

La mayoría de las personas son incapaces de establecerse "en contacto" en el sentido de comunicarse con otra persona, no con el alma física. Se trata de ajustar la frecuencia del transmisor y el receptor, como en la canalización también. Uno puede intentar invitándose mentalmente a "ir a la luz", pero sin conocer las causas del "bloqueo", no es posible obtener más ayuda.

Con la ayuda de un hipnotizador calificado, puede ser posible determinar la razón de un apego de otra alma. Hay una alta probabilidad de que haya una conexión espiritual entre las dos almas. Esto se puede encontrar en las devoluciones. Los buenos terapeutas, entrenados para volver a la "vida entre vidas", también pueden tener éxito en facilitar un diálogo que aclare las circunstancias y, con la participación de los líderes espirituales, se convierten en una "solución" en el verdadero sentido de la palabra. La palabra puede conducir.

Las personas mediocres, también en este caso la referencia a la calificación, también pueden contribuir a aclarar la situación a través de las llamadas constelaciones mentales.

No tengo ninguna experiencia propia y, por lo tanto, no quiero hacer una recomendación. En conclusión, me gustaría afirmar que el temor a situaciones o fenómenos inexplicables o inexplicables siempre nos lleva a la acción (o incluso a la no acción) de la personalidad equivocada. A través de la preocupación abierta y audaz por nuestra propia identidad espiritual, podemos reducir estos miedos y encontrar por nosotros mismos el camino hacia el centro interior y el acompañamiento rico en mentiras de otras almas.

Parapsicología (telepatía, telequinesia, fantasmas, apariciones, vida futura, clarividencia, lectura de la mente, percepción extrasensorial, precognición, psicoquinesia)

Los registros de tales percepciones extrasensoriales (ASW) ya existían en la antigüedad. Así, el historiador Philostratos de Atenas, el filósofo Apolonio de Tyana, que estaba en Éfeso, fue testigo de la muerte del emperador Domiciano en su mente y describió cómo se burlaba entonces de ella en Roma.

Se dice que el sueco "vigilante de fantasmas" Swedenborg se vio en 1756 en una visión en Gotemburgo, cuando el distrito de Estocolmo Södermalm se incendió esa misma noche. El filósofo alemán Immanuel Kant hizo revisar este informe por un amigo en Suecia. Esto confirmó el evento, pero Kant se reunió con el Spökenkiekerei de manera burlona. "Ha sido y siempre será así en el futuro, que ciertas cosas absurdas, incluso en el caso de las razonables, son simplemente porque se habla de ellas", escribió en su libro "Sueños de un vidente espiritual, explicado por los sueños. de la metafísica ".

Entonces, ¿qué pasa con la clarividencia y su hermana siniestra, la precognición? Este último se define como la capacidad de percibir o recibir información sobre eventos futuros antes de que ocurran. Estos no pueden ser extrapolados de eventos del pasado o presente. En pocas palabras, se trata de mirar hacia el futuro.

Los clarividentes, por otro lado, perciben los eventos a través de canales o medios desconocidos, que tienen lugar en lugares distantes. Distinguido de esto es la adivinación. Aquí, una persona hace declaraciones sobre la situación personal de otra persona, registra su estilo de vida y hace predicciones sobre sus vidas futuras.

¿Es la clarividencia un regalo especial?

Al igual que con la mayoría de los fenómenos psi, la población está dividida en escépticos que no creen en ASW y en personas convencidas de la existencia de un mundo incomprensible más allá de toda sabiduría escolar. Presentan experiencias que muchas personas también conocen de su entorno personal: una madre siente que su hijo tiene un accidente o una hermana gemela sabe que la otra, que vive lejos, no está bien. Por lo tanto, la clarividencia se convierte en una variedad de telepatía, en la cual el contenido de la conciencia se transmite a distancias mayores a un receptor.

Nuevamente, parece que, como sucede con la telepatía, es un regalo que rara vez aparece y que no se puede practicar, a pesar de que innumerables ofertas, especialmente en Internet, afirman lo contrario.

"Clarividente Es cierto que (probablemente) una o tenido varios momentos de sus vidas una llamada experiencia paranormal subjetiva donde se han descubierto su capacidad o pensamiento don", explica el físico Walter de LUCADOU, que dirige el Centro Psicológico de Orientación Para en Friburgo. "Las experiencias paranormales subjetivas son experiencias que la persona en cuestión no puede ubicar en su visión del mundo anterior. Bien puede ser un evento normal que la persona solo piensa que es paranormal ".

Incluso las corazonadas y los verdaderos sueños más antiguos que no necesitan ser paranormal, sin embargo, era crucial que ser experimentado como tal, en LUCADOU. A menudo, la mediumnidad una persona también será descubierto por otro clarividente, que a su vez actúa como mentor durante un tiempo.

Literalmente, esto se traduce en la "exploración docente y científica de los fenómenos psíquicos extrasensoriales". Principalmente se trata de la exploración de fenómenos tales como la telequinesis, la telepatía, la clarividencia y la lectura de la mente. La parapsicología existe desde hace más de 120 años. Por lo que no le gustó mucho más en el transcurso de la onda esotérica y de la Nueva Era desde la década de 1980 en. Se ve a sí misma como una rama de investigación científica, incluso si su beca será revocada por la comunidad científica, hay muy poco frecuente repetible debido a la naturaleza de sus intentos de área con fines de investigación y, por tanto, pocos estudios empíricos y los datos son metodológicamente sólido, fiable Generar nuevos conocimientos. Por lo tanto, la parapsicología se llama "pseudociencia"; La comunidad científica ve los objetos de la investigación parapsicológica como no probados.

Parapsicología trató una posible exploración metódica de los fenómenos mentales y FA-habilidades de las personas que están en su opinión fuera de la conciencia normal.

Por lo tanto, el estudio de la vida cae después de la muerte (especialmente mediante la evaluación de la experiencia cercana a la muerte) en el campo de la parapsicología. Otras áreas de investigación incluyen la percepción extrasensorial, la psicoquinesis, los fenómenos mentales (fantasma), la precognición y la psicokinesis. Algunos le resultaría interesante, para otros era una pesadilla - una mirada hacia el futuro emplea la humanidad desde tiempos inmemoriales.

Algunos creen que tienen este talento especial. Los investigadores han tratado de encontrar pruebas.

Eso lo sabemos hoy sobre los fenómenos misteriosos.

Canalización,
y otras revelaciones ...

Para algunos, la canalización puede tener algo que ver con los "espíritus malignos" y la "magia negra". Estoy tratando de desmitificar el tema aquí un poco.

Sugiero que todos nosotros, sin saberlo ni notarlo, no canalicemos ninguna emoción.

Comunicarse con Dios en oración o incluso en un hermoso paseo por el bosque es una forma de canalizar. Hacemos contacto con "algo" que no está físicamente en la habitación y, sin embargo, está presente y es accesible. Lo que nos responde es difícil de captar. Pero en última instancia, no importa si es algo que nos ayuda o nos ayuda cuando sentimos energía positiva.

Sin embargo, ya en este punto, se requiere precaución. Incluso nuestro ego nos da pensamientos en nuestras mentes y no todas las entidades que están "fuera de este mundo" tienen intenciones positivas.

A partir de América del Norte, el término "canalización" también se ha utilizado en los países europeos desde la década de 1970. "Es un término común para la esotérica, proviene de Inglés y significa literalmente: para recibir algo a través de un canal, en el interés del canal para los mensajes de no humana, los seres espirituales. En este caso, un medio ocurre como un canal a través del cual se transmite un mensaje de palabra. Estas personas mediales suelen estar en una forma de trance iniciada por una persona o inducida por un tercero (hipnosis). Este trance sirve a su ego, por lo que la mente consciente, mientras que fuera de la transmisión, incluso si eso nunca el 100% de éxito.

Básicamente, hay dos tipos de canalización: canalización hablada (habla automática) y canalización escrita (escritura automática). Se debe hacer una distinción entre las visiones y las experiencias cercanas a la muerte, que suelen ser pictóricas. Pero incluso en estos casos, algo entra en nuestra conciencia a través de una perspectiva que no podemos tomar mientras estamos despiertos.

Cuando escuché este término por primera vez, el tema era altamente sospechoso. Entrar en contacto con el difunto o con otros "espíritus" fue más allá de mi realidad. Los fantasmas solo son necesarios para asustar a los niños pequeños. Como un hombre joven una vez que había asistido por curiosidad a una llamada sesión, pero llegó a pesar sorprendentes "revelaciones" a la conclusión de que todo era irreal e incomprensible para mí y ... por lo tanto, no podía ser cierto. El realista en mí aclaró el entonces claro: Lo que no se entiende, se puede creer, pero no saben mejor. En caso de duda, quédate con lo que sabes!

Incluso durante mi formación como Regressionshypnotiseur Tengo un participante en el seminario que se informó en la ronda de presentación de sus experiencias de canalización, se limitó a reír: Una vez más como una de las "tías esotéricos"

Al abordar las cuestiones de la "reencarnación" y "existencia del alma" es, sin embargo, automáticamente también se ocupa de cuestiones de religión. Me di cuenta de algo:

Desde el inicio de los registros históricos, hemos escuchado a personas que creían que estaban recibiendo revelaciones de fuera. Para la mayoría, estas revelaciones vinieron de "Dios", no tenían otra explicación. La Biblia está llena de ellos, tanto en el Antiguo como en el Nuevo Testamento (Moisés, Abraham, Juan, Pablo, etc.)

En Pentecostés los fieles celebran la distribución o el envío del Espíritu Santo. Los dones del Espíritu Santo incluyen la comunicación de la sabiduría, la transmisión del conocimiento y el discurso profético. Efesios 1:17 dice: "El Dios de Jesucristo, nuestro Señor, el Padre de gloria, os dé espíritu de sabiduría y de revelación, para que lo sepa."

El evento de Pentecostés tuvo lugar en el festival judío de Shavuot. Este festival se celebra la revelación de la Torá al pueblo de Israel y es uno de los principales festivales del                              judaísmo.

Mohammed recibió el Corán, según creía, del Arcángel Gabriel. Sura 2, 213 se lee: "La raza humana era una sola nación, y Dios levantó profetas como portadores de buenas noticias y advertencias, y ha hecho descender con ellos el Libro con la verdad que Él decida entre los hombres en los asuntos     en     que     discrepaban     ".

El Libro de Mormón supuestamente también fue canalizado. La historia "aventurera" de la transmisión me hace dudar, al menos, si esta es realmente una revelación en la que uno puede confiar. Se permite la duda.

## Hildegard von Bingen

Incluso después de Jesús, hasta hoy, hay numerosas "apariciones" y revelaciones históricamente documentadas de los llamados santos, gurús o maestros.

Sólo un ejemplo de esto es Hildegard von Bingen. Hildegard tuvo muchas visiones durante su vida. En 1141 experimentó un fenómeno que, a pesar de toda inseguridad personal, entendió como una tarea de Dios para registrar sus experiencias. En los últimos 40 años, en la era del movimiento de la Nueva Era, la cantidad de mensajes enviados por los medios de comunicación de todo el mundo se ha disparado. También se han publicado innumerables libros al respecto, Internet está lleno de eso. Las opciones de comunicación modernas han favorecido una propagación amplia y rápida.

La canalización es hoy una habilidad que se usa activamente. Hoy en día, ningún "ángel" o entidad generalmente aparece y nos dice que nos ha elegido. A veces comenzó así y ha establecido una conexión regular. Uno puede aprender a canalizar, a través de la práctica, la calidad y la velocidad de la comunicación mejoran. La conexión se puede activar en cualquier momento, una vez establecida. Existe la necesidad de cooperación de ambos lados, pero puede ser muy diferente para cada individuo.

Cuando dije al principio, todos canalizamos, quise decir la conexión con nuestro "yo superior", la esencia del alma en el plano astral o con nuestra guía del alma. Obtenemos todos los impulsos de "allí" (no se entiende localmente). Las personas sin experiencia se refieren a esto como "inspiraciones" de las cuales no saben de dónde vienen, pero que ciertamente consideran porque consideran que "es" una "buena idea".

Muchos escépticos descartan cualquier forma de canalizar con varios argumentos como tonterías. Al tratar con mensajes canalizados, te das cuenta rápidamente de que hay contradicciones e inconsistencias. Canalizar no es como escuchar la radio. Los "receptores" no están estandarizados, como un receptor de radio. Cada canal tiene su propio carácter y su cosmovisión individual. Eso influye en el resultado. Nadie canalizará algo que contradiga su visión del mundo, su religión, su concepción. Él personalmente no lo aceptaría, no tendría sentido.

Diferentes canales recopilan información

diferente sobre temas específicos. Cada información canalizada requiere validación, como señalan las fuentes del Canal. No hay una sola verdad, la vemos diariamente aquí en nuestro mundo físico. Si cambiamos nuestra perspectiva, la imagen también cambia. Las verdades cambian, pero solo si tenemos una mentalidad abierta, si se nos permite cambiar en nuestra opinión. Esto puede llevar a la inseguridad, a la oportunidad de obtener una imagen más amplia, a obtener una mayor conciencia, pero vale la pena. Por lo tanto, es necesario que verifique la nueva información, independientemente de su fuente, para ver si al menos puede contribuir a "mi verdad".

Todos tienen que hacer lo mismo por sí mismos, aunque uno también puede "creer ciegamente", pero eso ya no corresponde al espíritu de nuestro tiempo. Nuestra sociedad actual está en el umbral de la edad del alma joven a la edad del alma adulta. En el momento de las viejas revelaciones había sobre todo almas infantiles. En este estado de madurez mental uno quiere seguir las reglas. En consecuencia, las revelaciones se transmitieron como reglas (Los Diez Mandamientos o el Corán). Se le pidió creer y seguir.

A pesar de toda la inseguridad y el desenfoque, los mensajes canalizados, en mi opinión, hoy son siempre un valioso elemento de reflexión. Sin embargo, es importante validar personalmente.

Me gusta asumir esta tarea como "homo sapiens". Primero, verifico formalmente la información y luego en el contenido:

Para este examen, responder las siguientes preguntas es importante para mí:

¿Se confía el medio por el juicio humano?
¿Es la fuente confiable por el juicio humano?

Al principio, un medio es también un ser humano y, por lo tanto, afligido por un ego e influenciado por influencias religiosas y culturales. Dependiendo de la hora y el entorno de un mensaje canalizado y de los destinatarios, existen diferencias. La madurez mental, la edad del alma, también es importante. Estas influencias nunca pueden eliminarse por completo y, por lo tanto, siempre conducirá a errores en la transmisión.

Las posibles fuentes de mensajes son variadas. La identificación de una fuente nunca es posible. Con algo de experiencia, sin embargo, siempre es mejor separar el trigo de la paja.

Por lo tanto, estas dos preguntas nunca pueden ser aclaradas. Esto ya está en el término "discreción humana". Así que siempre hay una incertidumbre residual incluso en el mejor de los casos. Por lo tanto, otras preguntas, como alternativa, deben limitar aún más esta incertidumbre.

¿Es el mensaje consistente en sí mismo?
¿Es la información - independientemente - "confirmada" por el otro lado?

Respuesta ideal: dos veces "sí", con "sí" se requieren aclaraciones adicionales. Las contradicciones que vemos pueden basarse en tener una perspectiva diferente. Esto también se aplica a información diferente o contradictoria de diferentes canales. Un mensaje de la Edad Media tenía otros destinatarios que los mensajes de hoy. Para tener una oportunidad de ser entendida, los mensajes siempre se expresan de tal manera que el receptor, con su nivel de conocimiento y su madurez, pueda hacer algo con eso. Un maestro enseñará de manera diferente a los estudiantes de primaria que a los graduados de secundaria.

Hace cien años, la cosmovisión era diferente a la actual.

"Debes" creer algo (de lo contrario amenaza con hacer daño)?
"¿Debe" uno creer algo (entonces hay una promesa de salvación)?
¿Hay intereses comerciales o misioneros religiosos detrás de esto?

Respuesta ideal: tres veces "no"; de lo contrario, huelo "suciedad" por mí mismo, pero me doy cuenta de que esta "táctica" es requerida por otros destinatarios para llamar la atención.

¿Cuál es la intención del mensaje?
¿Cuáles son las consecuencias del mensaje?
¿Cómo encaja el mensaje con mi comprensión de lo correcto o lo incorrecto?

Respuesta ideal: intenciones positivas (amorosas), efectos y ajuste. Me gustaría saber por mí mismo si la información está libre de prejuicios y de una P depósito de la aceptación. Los mensajes pueden ser incómodos. Son especialmente útiles.
Conclusión: Incluso después de esta prueba, un escepticismo "saludable" sigue siendo apropiado. Pero nada es estático, todo fluye, ninguna opinión es definitiva. El

desarrollo del hombre y su alma es un proceso. Los callejones sin salida, los errores y los errores son siempre parte del aprendizaje. Me parece que una negación completa o la exclusión de la posibilidad de mensajes canalizados es incorrecta. Sin embargo, aceptar el contenido de un mensaje, al menos como una "posibilidad", ofrece oportunidades y riesgos de la misma manera. Por supuesto, todos tienen que decidir por sí mismos si algo está definitivamente mal, probablemente mal, posiblemente posible, probablemente correcto o definitivamente correcto. Lo que definitivamente es correcto hoy, sin embargo, definitivamente puede estar equivocado en una fecha posterior. Vivimos con la dimensión "tiempo" aquí en el plano físico.

La existencia astral es el "estado normal" de un alma. No se trata de juicios, sino de la autoconciencia y la conciencia, no de los demás, sino de la unión amorosa.

Una esencia del alma, "recién lanzada", fragmentada de su familia del alma, se encuentra naturalmente en la comunidad de otros miembros como parte de ella. Al principio, se trata de la conciencia de estar separados y aun así unidos. Las primeras experiencias son el resultado de la cooperación a nivel astral en grupos de aprendizaje.

Así que el plano astral es un "lugar de aprendizaje", así como el nivel físico y los niveles superiores de existencia. La permanencia entre cada encarnación sirve así además de las tareas "normales", en particular el procesamiento de las experiencias de la última y la planificación de la próxima encarnación.

Cada vez, con la ayuda de su familia y guías de alma, el alma diseña un plan de vida que se basa en encarnaciones anteriores y, por lo tanto, continúa su desarrollo.

Entonces se vive, d. h. el alma experimenta lo que es estar en un cuerpo físico. Todas las mónadas internas, desde el nacimiento hasta la muerte, deben ser experimentadas. Cada mónada es de nuevo una transición a una nueva fase de la vida. Algunas vidas son más cortas, otras terminan abruptamente, otras duran, especialmente hoy en día, hasta la vejez. Al final, la transición al plano astral vuelve a ocurrir. El alma vuelve a casa.

El retorno y la transición asociada a otro nivel de existencia no siempre son lo mismo. Dependiendo de cómo haya pasado la vida, deben completarse diferentes fases hasta que el alma reanude sus tareas de aprendizaje en el plano astral.

El tiempo para la próxima encarnación surge del desarrollo del alma. Ella sabe cuándo sucederá y una vez más comenzará el proceso de planificación y coordinación con otras almas para una nueva vida. Nuevamente, las almas gemelas, las almas gemelas y otros miembros de su propia familia de almas y otras familias de almas del mismo escuadrón se encarnarán muy cerca, y los guías del alma acompañarán la aventura de la vida. Nuevas tareas y experiencias te esperan.

Si la policía de Colonia hubiera escuchado a Gérard Croiset, Hanns-Martin Schleyer podría haber sobrevivido. Un comando de la "Fracción del Ejército Rojo" había secuestrado al presidente del empleador en el otoño de 1977. La búsqueda de perpetradores y víctimas no tuvo éxito durante casi dos semanas, cuando los investigadores decidieron dar un paso inusual: dos de ellos condujeron a Croiset en Utrecht. El holandés fue uno de los profetas más famosos de Europa. Su especialidad era localizar a personas desaparecidas y ayudar a aclarar crímenes.

Encarnación significa "encarnación". Los orígenes de la idea de encarnación se remontan a la prehistoria. Significaba la encarnación de un dios, que a menudo se encuentra en la mitología y en varias religiones. Incluso con Jesucristo, esta idea todavía está conectada hoy.

Como una encarnación, Heinz Duthel describe la transformación energética o vibratoria de un fragmento de una esencia del alma en la fisicalidad de la existencia física. Esta transformación está asociada con una limitación de la conciencia correspondiente a la densidad de la existencia física. La encarnación es así la concentración de un fragmento de alma en un espécimen de una especie adecuada con una personalidad seleccionada, descrita por los Overleaves.

Al menos desde Pitágoras (siglo 6 aC), la idea y la comprensión de la reencarnación de los seres humanos en la tierra, como vidas cronológicas con el propósito de desarrollar un alma a través de experiencias corporales, está muy extendida, si no es que es general. reconocido. Esta idea corresponde a nuestra conciencia del tiempo y del espacio.

Según el entendimiento anterior, la reencarnación no es la reencarnación de un ser humano ni el mismo fragmento de una esencia, sino que se refiere a la esencia que, en su ciclo de encarnación, envía fragmentos energéticos para la exploración de la corporeidad.

Esto significa que no hay solo encarnaciones cronológicas, como explica Heinz Duthel.
Él distingue z. B. vida simultánea y vida paralela. Desde la infancia hasta la edad adulta, hay muchas ramas. En muchas "versiones" del yo, la esencia de lo físico se experimenta con una z. B. Conciencia orientada a la dualidad, de acuerdo a nuestro planeta tierra.

Pero también se trata de vida compartida, Heinz Duthel diseña para nosotros un modelo de la interconexión de la vida y también está presente en formas de vida completamente diferentes en la Tierra y fuera de nuestro planeta.

La diversidad de la existencia física es un reflejo de la diversidad de la creación en la que se desarrolla el Tao.

Los mundos paralelos usualmente se presentan separados unos de otros. En realidad, es solo otro aspecto, basado en una conciencia diferente. Los niveles de existencia son un ejemplo de esto. También existe este término en psicología. "Mundo paralelo" se refiere a un área delimitada externamente en la que la vida de ciertas personas o grupos tiene lugar independientemente del "mundo exterior".

Uno habla entonces z. Desde el medio de la droga. Especialmente entre los adolescentes, hay diferentes grupos que comparten una comprensión común del mundo, por ejemplo. Como góticos, rockeros, etc. y, por tanto, se delimitan y tienen poco contacto con los demás. Las vidas paralelas, de acuerdo con las enseñanzas de Heinz Duthel, tienen el mismo punto de partida (tiempo y lugar), por lo que es una sola encarnación. Las ramas también tienen lugar en esta encarnación. Heinz Duthel usa la imagen de un árbol que forma muchas ramas y ramas a partir del tronco.

En nuestra conciencia humana, generalmente no lo notamos, si podemos, no podemos hacer mucho con nuestras impresiones de una vida paralela. Lo llamamos ensueño o fantasía. Para decirlo sin rodeos, puede ser que una "versión" de nosotros, al mismo tiempo, viva en un mundo devastado por las guerras nucleares, en nuestra conciencia el mundo está al borde de una catástrofe ecológica y en una tercera versión hay paz mundial y hay

Contacto con otras civilizaciones en el universo.

Nuestra conciencia está determinada por lo que creemos y sabemos. La realidad no es absoluta, sino que depende de la perspectiva de visualización y la información de referencia con la que juzgamos. El propósito de estos paralelos es experimentar diferentes paradigmas con la misma personalidad. Eso suena muy aventurero, lo sé.

Un ejemplo ligeramente menos drástico y, por lo tanto, quizás un poco más comprensible, es el siguiente:

Estaremos desempleados. Nuestra actitud hacia el futuro puede ser desesperada porque nos vemos demasiado viejos para empezar de nuevo, o porque nuestra salud nos causa problemas. Perdemos el tiempo con autocompasión y apatía. Sin embargo, alternativamente, la flexibilidad suficiente y el deseo de una actividad significativa y satisfactoria pueden darnos el ímpetu para ir por nuevos caminos y así ganarse la vida. Una tercera posibilidad es que nos limitemos financieramente y, con el tiempo libre obtenido, perseguimos finalmente los intereses que nos inspiran y de los que no provienen de la rutina diaria de la vida profesional.

Desde un tronco se pueden ramificar tres ramas fuertes, de cada rama pueden brotar diferentes ramas. También es posible que dos ramas se encuentren y se conviertan en dos realidades separadas, al menos en parte, de nuevo una.

Dependiendo de si z. Por ejemplo, un cónyuge que fallece en una cirugía puede o no experimentar una vida paralela como persona soltera y como cónyuge. Si el cónyuge muere más tarde en otra ocasión, los paralelos se reconectan.

Heinz Duthel enfatiza muy a menudo que siempre tenemos la opción. Aquí, la decisión no cae entre uno u otro, pero existe en ambos / y también. Nuestra conciencia y, por lo tanto, nuestro enfoque está limitado a una variante. Desde el punto de vista de la esencia, sin embargo, hay tres líneas de experiencia. El tiempo es diferente para la esencia. Puede ser estirado y comprimido. Lo que les importa es solo la "situación general", es decir, la suma de todas las experiencias en el continuo espacio-tiempo.

Como dije, no somos conscientes de estos paralelos. Pero tal vez notemos que nuestro entorno cambia cuando abrimos nuevos caminos. Hay nuevos amigos y conocidos, el contacto con las viejas relaciones se rompe. A veces se trata de un cambio de ubicación, pero no es la condición. Una persona alcohólica o drogadicta es z. B. comenzar una vida completamente nueva después de una retirada exitosa. La decisión es la rama. Sin embargo, las relaciones antiguas y perdidas pueden revivir cuando hay una realidad común nuevamente.

La transición de una vida a una versión paralela de una vida y la espalda, es a la velocidad del pensamiento. Siempre elegimos nuestra realidad si queremos ser nuevos cada segundo.

Los clarividentes Croiset sorprendieron a la policía criminal.

Con sus habilidades clarividentes, Croiset impresionó a los investigadores. "Hubo hallazgos clave para todo el caso, tan detallados que cuando ocurre una coincidencia, podemos decir que ayudó", dijeron, de acuerdo con un memorando del cual se publicó hace algún tiempo la revista "Die Kriminalpolizei". Citado artículo sobre "detectives psi en alemania".

Así, la policía descubrió debido a referencias del holandés en el aparcamiento subterráneo de un rascacielos en Mercedes-Meschenich a Mercedes, en el que Schleyer había sido transportado más allá de toda duda. Más tarde, las revistas informaron que el clarividente también había dado pistas sobre el rascacielos en Erftstadt-Liblar, donde estaba escondido el rehén. Sin embargo, los representantes de la Oficina Federal de Policía Criminal se negaron a asaltar el edificio. Los terroristas pudieron llevar a Schleyer a otros escondites en La Haya y Bruselas, antes de que finalmente le dispararan.

Los telépatas criminales ven el lugar de los cadáveres.

La cooperación de las autoridades con (aparentemente) personas con talento mediático tenía cierta tradición. En 1919, un consejo de policía de Leipzig organizó un experimento con un "telépata" para obtener información sobre el uso de tales métodos en la práctica criminológica.

En la República de Weimar, cuando el ocultismo y la parapsicología se generalizaron, se convirtió en una práctica común utilizar clarividentes y los medios de comunicación en las investigaciones. Algunas de estas personas ofrecieron sus servicios a las autoridades como "telepatistas criminales" o incluso abrieron sus propias agencias de detectives. Entre ellos se encontraba la "soñadora soñadora" de Frankfurt, Minna Schmidt. Hizo titulares en el verano de 1921, cuando llamó al último sitio de los cuerpos de dos alcaldes que habían sido víctimas de un doble asesinato en Heidelberg.

Telepatía y telequinesis: ¿Qué puede ser realmente el poder del pensamiento?

En ciencia ficción, son fenómenos populares: telepatía, telequinesia y teletransportación. Aquellos que dominan estas técnicas pueden leer los pensamientos de otros seres, mover objetos únicamente a través del poder de sus pensamientos e ir a otros lugares sin perder tiempo. Pero, ¿existen también estos fenómenos en el mundo real?

Los amigos de Perry Rhodan conocen a Pucky, el castor del ratón, llamado así porque parece ser un híbrido de ambas especies. Los autores de la serie de ciencia ficción atribuyen una serie de habilidades paranormales a la criatura alienígena: se dice que domina la telepatía y la telequinesis, así como la teletransportación. Es decir, Pucky puede leer las mentes de otras mentes, mover las cosas por el poder de sus pensamientos e ir a otros lugares sin perder tiempo. Él desmaterializa su cuerpo, que luego se rematerializa en el destino.

Las habilidades sobrehumanas siempre nos han inspirado.

En ciencia ficción, tales características se pueden usar de manera excelente para dramaturgia y efectos especiales. ¿Pero existen en el mundo real? Esto se ha argumentado en la ciencia durante décadas. Muchos parapsicólogos consideran seguro que algunas personas tienen el don de leer los pensamientos de otros o de transmitir sus propios pensamientos y sentimientos a otros. Algunas investigaciones también parecen proporcionar evidencia de telekinesis (también llamada psicoquinesis). Sólo el teletransportador es imposible según el conocimiento de hoy. Ent- y Rematerialisierung un cuerpo nunca ha sido observado, también carece de cualquier base física para los supuestos saltos por dimensiones más altas.

La telepatía ha sido durante mucho tiempo en el foco de investigación.

Con telepatía (derivada del griego "tele" para distante y "pathos" para el sentimiento), la Sociedad para la Investigación Psíquica se fundó en Londres en 1882. El término acuñó al autor británico Frederic Myers. ¡Su exploración científica comenzó en 1911, cuando los investigadores de la Universidad de Stanford fueron a Amazon para obtener más información sobre los productos! Labo-experimentos sobre percepción extrasensorial y telekinesis (en alemán: movimiento a larga distancia) realizados. En la década de 1930, la Universidad de Duke en Durham (estado de Carolina del Norte, EE. UU.) Inició experimentos similares en el primer laboratorio parapsicológico del mundo. Fue fundada por el biólogo Joseph Banks Rhine, quien pronto se convirtió en la estrella de esta rama de la investigación.

Cartas de zoster como prueba de telepatía.

Para la detección de la telepatía, el Rin usó, entre otras cosas, "Zenerkarten", que lleva el nombre del parapsicólogo Karl Zener. Contienen cinco símbolos: un círculo, una cruz, tres líneas onduladas, un cuadrado y una estrella. Un juego consta de cinco cartas de cada símbolo, que forman 25 piezas juntas. Para los experimentos diseñados por Rhine, las cartas se barajan.

El experimentador y un sujeto se sientan uno frente al otro, separados por una pared delgada. El primero revela una carta a la vez y la mira de cerca. ¡El sujeto debe hacer esto en el cerebro a Amazon para obtener más información sobre el producto! capturar el espectador por medios telepáticos y anotarlo en una hoja de papel. Más tarde, los experimentadores relacionan las notas con el orden real de las cartas reveladas. Si el sujeto reconoció cinco tarjetas en promedio, esto corresponde a la distribución aleatoria. Las puntuaciones más altas calificaron a Rhine como evidencia de telepatía. La percepción extra sensorial debería llegar a ser detectable.

Después de una gran cantidad de series de pruebas con más de 90,000 experimentos, el investigador estadounidense anunció un gran éxito. La percepción extra sensorial, escribió en un libro publicado en 1934, era "un fenómeno real y demostrable".

Como resultado, investigadores de todo el mundo se hicieron cargo de su procedimiento. Pronto, sin embargo, la crítica de los experimentos fue ruidosa. Por lo tanto, los resultados de Rhine no se pudieron reproducir en otros institutos. Además, los investigadores descubrieron debilidades sistemáticas en el procedimiento experimental y errores en el análisis estadístico de los datos. Por ejemplo, las revisiones sugirieron que los investigadores proporcionaron pistas no verbales a las tarjetas reveladas. Otro punto débil resultó ser la mezcla de las cartas. Si la técnica de mezcla no garantiza una distribución aleatoria perfecta, el resultado se ve afectado.

Una estructura luminosa parpadea de derecha a izquierda a través de la escalera y la espalda. La cámara de seguridad del Liverpool Medical Institute también capta una luz brillante sobre una escalera. Los cazadores de fantasmas británicos piensan que es un hechizo. También quieren saber quién causó las misteriosas luces: el espíritu maligno de Richard Caton, quien fue alcalde de Liverpool en 1909 y murió en 1926. Los británicos excluyen esto del hecho de que sus Rempods, que son dispositivos que registran campos electromagnéticos (EMF), se produjeron cuando se les preguntó acerca de Caton.

Los miembros del club "Sefton Paranormal Investigators" supervisaron el instituto, que se inauguró en 1837, ya que se considera uno de los edificios más encantados en el Reino Unido. En su investigación en septiembre pasado, encontraron evidencia de 17 actividades paranormales, dijo Robinette, miembro del SPI, el periódico británico "Mirror", que incluye luces, voces misteriosas y sonidos de respiración.

Anfitriona estrangulada en el ático y enterrada en el sótano.

Para una casa embrujada, este es un rendimiento decente, pero otros lugares tienen aspectos mucho más espantosos que ofrecer. Un ejemplo de esto es "The Ram Go to Amazon para obtener más información sobre los productos! Inn, una antigua taberna en el pueblo de Wotton-under-Edge, que se encuentra en el condado británico de Gloucestershire. La casa fue construida en 1154 y experimentó una historia variada. Se dice que dos de sus habitantes fueron asesinados, incluida una antigua patrona que fue estrangulada en una habitación del ático y luego enterrada en una habitación del sótano.

Esqueletos de una mujer y un niño debajo de la sala de aparejos.

Además, se encuentran en excavaciones bajo una sala de trastos anterior, los esqueletos de una mujer y un niño. En 1965, cuando los invitados se mantuvieron alejados, se tomó la última pinta y el pub cerró sus puertas. Tres años más tarde, un ex ingeniero llamado John Humphries adquirió la finca. Después de mudarse, se convirtió en miedo en la casa. Un fantasma persiguió al siguiente, así que los cazadores de fantasmas, esta vez del "Club de Fantasmas" británico, escudriñaron los viejos muros.

Los fantasmas están golpeando las ventanas, los perros invisibles están ladrando

En un informe publicado en 2003, el club informó sobre innumerables fenómenos espeluznantes que hacen que los residentes y visitantes de la casa. En consecuencia, las luces fantasmales, las llamadas orbes, revoloteaban por las habitaciones, los supuestos fantasmas golpeaban las ventanas o golpeaban las puertas, y sonaban los ladridos de perros invisibles.

El mismo Humphries informó que, en su primera noche en la nueva casa, le agarraron algo por los tobillos y lo tiraron de la cama. Más tarde, sintió que una criatura invisible se abría paso por sus piernas. Estaba sentado en una silla leyendo la Biblia. Había un sonido de muebles tirados por el piso en la habitación de su hija, aunque no había nadie en él.

Demonios ruedan en la cama matrimonial en la habitación del obispo

Incluso los huéspedes de los residentes jugaron mal. Algunos sintieron cómo las olas de frío se apoderaron de sus extremidades. Otros fueron empujados hacia arriba o hacia abajo de una escalera por poderes enigmáticos. En el establo, que se convirtió en una sala de estar, también derribaron a un adolescente y presionaron al propietario Humphries contra una pared. Mientras tanto, la llamada Sala Episcopal resultó ser un centro inquietante: según el informe del Ghost Club, en él aparecen numerosos fantasmas, entre ellos un caballero que aparece en una esquina y pasa por la sala, una dama que cuelga del techo y dos Monjes acompañados por dos monjas.

En la cama matrimonial en el centro de la habitación, ocasionalmente, un incubus y un revolcubio. Estos son demonios que causan pesadillas. El incubo masculino, según la mitología, puede aparearse con mujeres sin que se den cuenta. Su contraparte femenina, succubus (del latín sucumbre = acostado) roba en secreto la semilla de los hombres dormidos.

De hecho, una encuesta representativa mostró que casi tres cuartos de la población alemana experimenta algo fuera de lo común al menos una vez en su vida que puede atribuirse a la parapsicología en el sentido más amplio. Estas pueden ser manifestaciones físicas extrañas, pero también experiencias o efectos fuera del cuerpo en el entorno personal. Los expertos dividen las experiencias en diferentes áreas, para leer en la página de

Internet "El mundo de lo paranormal" (WdP).

La mayoría de los informes son sobre fantasmas. La mayoría de los fantasmas son vistos en iglesias, monasterios y antiguas haciendas, así como en cementerios, teatros de guerra y otros lugares con un gran o extraño pasado. A menudo, la apariencia está relacionada con una persona fallecida. Si estos sufrieran una muerte trágica, su mente podría evadir.

Como ejemplo, el WdP menciona la historia de una monja amurallada que murió de hambre lastimosamente. Este tipo de fantasma parece no encontrar paz. Quieren llamar la atención para que puedan encontrarlos y enterrarlos adecuadamente.

Sólo entonces lograrán la paz y dejarán a los vivos solos.

Las personas se sienten familiares fallecidos.

En otros casos, las personas que han perdido a su pareja o familiar sienten su presencia, o en realidad ven al fallecido físicamente. Esto puede ser poco después de la muerte, pero también años después. Muchas personas afectadas sintieron que la persona muerta quería despedirse de ellos nuevamente. Otros vieron la aparición como una prueba póstuma de amor, pero otros lo vieron como una invitación a hacer algunos asuntos pendientes. Cuando se trata de este último, el fenómeno puede durar un período de tiempo más largo. Cuando se hace lo deseado, termina, el difunto ha encontrado su paz y su espíritu desaparece.

Sentir la desgracia de los seres queridos.

Una segunda categoría es la percepción de eventos que involucran a una persona todavía viva cercana a la persona en cuestión. Una y otra vez, se menciona la historia del soldado, que recibe un disparo en la guerra. En el momento de la herida, su esposa en casa lo vio de pie en medio de la habitación. Cuando ella le habló, él no respondió y desapareció tan repentinamente como apareció. Desde el entorno personal, conozco el caso de un amigo que cayó como estudiante y contrajo una conmoción cerebral grave. Su novia estaba en una visita de estudio a los Estados Unidos en ese momento. Cuando ocurrió el accidente, ella sintió una extraña sensación. Ese mismo día, ella le escribió una carta, aún conservada hoy, para preguntarle por su salud. También hay numerosos informes de animales que experimentaron una desgracia que le sucedió a su dueño.

Fenómenos obsesivos y poltergeist pueden durar por años

Además, la obsesión ocurre como un fenómeno paranormal generalizado. Los afectados reportan un repentino resfriado en la habitación que los hizo estremecerse, o sienten que otras personas están presentes y observándolos. A menudo, los relojes se detienen al mismo tiempo, o las imágenes en las paredes cuelgan torcidas o se caen. Encienda el televisor o la radio, mueva las sillas u otro mueble en las habitaciones. Las piedras pueden volar, se pueden crear charcos de agua o sonidos o voces. Los fenómenos de Poltergeist también pueden hacer que los objetos se rompan. Spook es mayormente inofensivo, excepto por la furia de un poltergeist. Puede ocurrir a corto plazo, pero puede durar muchos años. A menudo sucede en relación con ciertas personas o está ligado a un lugar. A veces, como con la "mujer blanca" en los castillos encantados, continúa por generaciones.

Ahora Gran Bretaña es como el país fantasma, las listas de edificios encantados y las historias misteriosas son largas. Pero Alemania también tiene mucho que ofrecer en términos de tecnología de ejercicio. Los clásicos son la mujer blanca y el jinete sin cabeza. Los primeros lugares preferidos a través de los castillos nobles, su aspecto es anunciar una mayor desgracia. Los informes de avistamientos se remontan al siglo XV.

La situación es similar con el jinete sin cabeza. El que se encuentra con él, está consagrado a muerte. Principalmente en Renania, las leyendas se entrelazan alrededor de esta figura. Ella es considerada la vengadora de una persona muerta que está condenada a tontear por un grave pecado. Puede ser, por ejemplo, un suicidio cuyo cuerpo fue posteriormente decapitado y enterrado en un suelo no consagrado.

## Poltergeist conmuta bombillas en Rosenheim

También en los últimos tiempos supuestos fantasmas estaban haciendo travesuras. El "Spook of Rosenheim" se hizo famoso: en el verano de 1967, los empleados de un bufete de abogados en la ciudad bávara observaron una serie de fenómenos misteriosos. Inexplicables llamadas paralizaron el sistema telefónico, las bombillas comenzaron a conmutar y explotar, las luces de neón giraron en el zócalo, los fusibles salieron volando.

Más tarde, los cuadros colgados empezaron a girar en la pared. Las explicaciones para esto se encontraron a pesar de investigaciones extensivas inicialmente ninguna. Expertos espeluznantes vieron a un poltergeist en el trabajo.

La parapsicología trata de entender los fenómenos fantasmas.

Debido a que los fantasmas evaden la investigación exacta y la ciencia seria con ellos puede no dar, desarrolló su propio tema: la parapsicología. Su historia comenzó en 1862 con el establecimiento del Ghost Club en Inglaterra. Fue seguido 20 años más tarde por la Sociedad para la Investigación Psíquica. La organización quería reunir académicos para asegurar un estudio crítico y duradero de los fenómenos paranormales.

Sus sujetos de investigación la dividieron en diferentes clases: por un lado, telepatía, hipnosis y apariciones de fantasmas. A esto se agregó la "fuerza vital" (Od) del naturalista Karl Freiherr von Reichenbach, así como el espiritismo que entonces estaba de moda. Uno de los primeros estudios bajo el título "Encuesta de engaños sensoriales" examinó fantasmas y alucinaciones en sujetos sanos.

Sujetos en experimentos de telepatía encerrados en jaula.

Posteriormente se fundaron empresas similares en otros países europeos y en Estados Unidos. En Alemania, Albert Freiherr von Schrenck-Notzing y

Carl du Prel fundaron la "Sociedad Psicológica" en 1886 en Munich. Investigó sobre la hipnosis y la telepatía, pero también asumió la telequinesis, la capacidad de mover objetos a través del poder del pensamiento.

Sobre todo, los experimentos telequinéticos realizados por Schrenck-Notzing en la Universidad de Munich en los años 1920 y 1930 hicieron famosa la parapsicología en Alemania. Los sujetos fueron encerrados en jaulas, los ayudantes sostuvieron sus manos y pies para evitar la manipulación. La sociedad también exploró otros fenómenos psi (derivados del psi griego como la primera letra de la palabra psique), incluida la clarividencia, la materialización del mundo espiritual y los sueños y sueños.

Cada año 3000 a 5000 solicitudes de aspectos extrasensoriales.

Hoy en día, el Centro de Asesoramiento Parapsicológico (PB) de la Sociedad Científica para el Avance de la Parapsicología en Friburgo se ocupa de las apariencias extrasensoriales, y su personal está muy ocupado. En los últimos años, ha habido entre 3000 y 5000 consultas por año, informa su director Walter von Lucadou, un físico graduado. En el momento de la fundación de PB hace 25 años, todavía era de 1200 años. En particular, Internet tiene un gran número de mensajes que aumentan considerablemente. En su libro de 2012 "Los espíritus que me llamaron", Lucadou y su coautor Peter Wagner describen una serie de incidentes recientes.

Una cosa más merece ser mencionada: los orbes, como los cazadores de fantasmas también se registraron en el Liverpool Medical Institute y el Ram Inn. Estos son fenómenos de luz, a menudo en forma de esferas transparentes. Esoterics desarrolló una hipótesis audaz para esto: los orbes surgen de campos de energía que se originan de fantasmas difuntos o obsesionados.

Sin embargo, para iluminar, necesitan otra fuente de energía, como las personas presentes en la habitación, pero también las baterías, los radiadores y similares. Esto permite a la mente atraer la atención y mostrarse en imágenes. La estructura redonda sería elegida porque, de acuerdo con las leyes de la física, ocupa el estado de energía más bajo. En comparación con la forma de fantasma clásica, los fantasmas podrían ahorrar mucha energía con un Orb.

Los creyentes fantasmas de mentalidad aristocrática señalan que la sílaba "orb" proviene de la raíz latina "orbus", en alemán: el huérfano. Por lo tanto, es obvio para ellos que las orbes son las almas huérfanas de personas muertas, que se sienten solas en un mundo intermedio. Deben aparecer una y otra vez, porque todavía estaban llenos de deseos al comienzo de la muerte y, por lo tanto, no podían resolver sus cadenas a este mundo.

### "Teoría espiritista": Haunt por seres independientes

¿Pero cuáles son las verdaderas causas de todos estos fenómenos? ¿Existe realmente un mundo de sombras en el que los espíritus intangibles puedan infiltrarse o afectar a nuestro entorno físico, o están más en la psique de aquellos que perciben fantasmas o fantasmas? Los expertos están discutiendo sobre esto. Los representantes de la "teoría espiritista" creen que la obsesión es causada por entidades independientes. La mayoría de ellos son almas muertas, que todavía están en la tierra. Una variante de esta hipótesis afirma que las sub-almas independientes desencadenan los fenómenos espeluznantes, pero también podrían haber fallecido los "complejos psíquicos separados", que se comportan como mitad inteligente, mitad no intencional, como en un sueño.

### ¿Pueden los objetos absorber la "energía psíquica"?

Según otra teoría más esotérica, los objetos o edificios pueden absorber la "energía psíquica" y transferirla a personas sensibles. En un informe publicado en 1939 en "Actas de la Sociedad para la Investigación

Psíquica", el filósofo británico Henry Habberly Price, que también se ocupaba de la parapsicología, expresó que las impresiones emocionales con carga emocional no se almacenaban en la esencia de los edificios, sino en un "éter psíquico". Entre la mente y la materia, en una especie de espacio fuera de nuestro entorno físico, las impresiones así almacenadas podrían percibirse una y otra vez, lo que también explica que muchas de las apariencias espeluznantes se repiten.

Teoría del espectro: la persona que percibe genera fenómenos a sí mismo.

El parapsicólogo de Friburgo, Hans Bender, también dijo que las emociones violentas podrían crear una atmósfera localizada que existía independientemente de los humanos y causó o favoreció eventos paranormales. A partir de esto, el investigador William Roll de la Fundación de Investigación Psíquica en Durham (estado de los EE. UU.) De Carolina del Norte desarrolló la llamada teoría del espectro.

Según ella, los espías vuelven a las huellas de memoria en el entorno material. Además, muchos fenómenos también serían generados inconscientemente por la persona que percibe para satisfacer las necesidades emocionales. Hay un espectro con las impresiones paranormales por un lado y las necesidades del perceptor por el otro. En cualquier caso, la separación de la mente y la materia no es tan aguda como se supone que es. De manera similar, la "teoría psicogeográfica" sostiene: las casas y palacios encantados a menudo tienen una atmósfera misteriosa que afecta la psique de los visitantes y, por lo tanto, cambia su percepción.

¿Son los orbes realmente pequeñas partículas de polvo?

Esto está en línea con la percepción del psicólogo común de que muchas personas desarrollan una imaginación fuerte bajo el estrés o la ansiedad e imaginan imaginar cosas que no existen. Pero hay otras posibles explicaciones para la aparición del supuesto fenómeno psi, a saber, fallas técnicas o simplemente fraude. En el caso de los Orbs, es notable que no aparecieron en las instantáneas hasta después del triunfo de las cámaras digitales. De hecho, los investigadores han podido demostrar que su diseño (la linterna está muy cerca de la lente) los destellos a menudo reflejan reflejos de pequeñas partículas de polvo.

El efecto es conocido por los cines o presentaciones de diapositivas. En el haz de luz del proyector, una variedad de partículas de polvo brillante danzan en el aire. En el lienzo, estos son invisibles porque están fuera de foco. En un entorno polvoriento como un antiguo castillo, hay suficientes partículas para crear una imagen de Orb.

El término "parapsicología" fue acuñado en 1889 por el psicólogo, filósofo, médico e historiador del arte alemán Max Dessoir (08.02.1867 - 19.07.1947), quien escribió en un artículo en la popular revista teosófica "Sphinx": "" Si llamamos ... a Para - algo que va más allá o más allá de las cosas ordinarias, entonces tal vez los fenómenos que surgen del curso normal de la vida psíquica puedan llamarse parapsíquicos, y la ciencia de la que hablan se llama "parapsicología". agradable, pero en mi opinión tiene la ventaja de marcar brevemente un límite aún sin nombre entre el promedio y las condiciones patológicas anormales ". Para Dessoir, el término era meramente provisional y debería designar un grupo de fenómenos extraordinarios cuya existencia es controvertida, pero que se describen repetidamente en la historia cultural.

La historia de la parapsicología en sí misma comenzó incluso antes de su nombre con el "Ghost Club" fundado en Inglaterra en 1862 y la "Society for Psychical Research" (SPR), también fundada en Inglaterra en 1882, ambas dedicadas al estudio de las apariciones de fantasmas. hecha. En particular, el SPR fue probablemente el primer intento de reunir sistemáticamente a científicos e investigadores de diversos campos en una organización para investigar de manera crítica y sostenible los fenómenos paranormales.

En Alemania, la historia de la parapsicología comenzó con la fundación de la "Sociedad Psicológica" en 1886 en Munich, que llevó a cabo en particular investigaciones de hipnosis y telequinesis, por lo que los métodos de investigación parecen bastante extraños desde la perspectiva actual: en los juicios públicos, los sujetos debían desvestirse y Durante las pruebas, a menudo estaban enjaulados y sujetos por sus manos y pies. Los efectos informados en estos experimentos van desde una caja de música que comenzó a tocar por sí sola y luego fue detenida a voluntad por el sujeto, hasta informes de pañuelos de gran altura.

En algunos casos, los efectos solo tomaron varias horas, ya que los sujetos primero cayeron en un trance profundo con graves síntomas físicos acompañantes. Después de los experimentos, los sujetos controlados por el sujeto pudieron ser inspeccionados; Los sujetos usualmente usaban brazaletes fosforescentes y puntos luminosos en sus ropas para poder detectar engaños incluso en condiciones de poca luz. Los experimentos también tomaron un curso aún más degradante, ya que durante los estados de trance se produjeron eyaculaciones múltiples parciales en las personas de prueba, lo que por supuesto fue observado por los observadores durante la inspección de la ropa.

Desde 1919, la policía criminal utilizó supuestos telépatas en la investigación de delitos en Alemania para extraer conclusiones de su experiencia en el uso de los medios de comunicación en sus investigaciones. Sin embargo, aparte de algunos éxitos individuales, no se pudieron lograr resultados sostenibles.

En 1911, la renombrada Universidad de Stanford comenzó con estudios de laboratorio sobre la percepción extrasensorial y la psicoquinesis. Esto fue seguido en 1930 por la Universidad de Duke en Durham, que siguió el mismo enfoque. La Universidad de Duke también fue la primera en trabajar a gran escala con el sistema de tarjetas Zen y los ensayos de cubos para producir resultados que luego podrían evaluarse utilizando métodos estadísticos estándar. Estos procedimientos fueron adoptados posteriormente por casi todos los investigadores de todo el mundo.

Sin embargo, ambas instituciones enfrentaron una hostilidad masiva creciente y acusaciones no científicas; La Universidad de Duke suspendió sus actividades de investigación parapsicológica a mediados de los años sesenta.

Dado que las universidades convencionales ya no ganaban como portadoras de investigaciones parapsicológicas, se fundaron a mediados de la década de 1960, especialmente en el instituto independiente de parapsicología de los Estados Unidos. Estos incluyen el renombrado Centro de Investigación del Rin, fundado a principios de la década de 1970 como el "Instituto de Parapsicología" y la "Fundación para la Investigación sobre la Naturaleza del Hombre" (FRNM), ambos fundados por Joseph B. Rhine, anteriormente Fue responsable de las investigaciones en la Universidad de Duke. En Europa, sin embargo, ya existían instituciones más antiguas, por ejemplo, la "Sociedad para la Investigación Psíquica" británica, fundada en Londres en 1882 y el "Instituto Alemán de Áreas Fronterizas de Psicología y Salud Mental" (IGPP), fundada en Friburgo de Brisgovia en 1950.

En la década de 1970, el interés en la investigación parapsicológica aumentó enormemente. Se han fundado numerosos institutos nuevos y se ha ampliado la investigación existente para incluir nuevos campos de investigación. La hipnosis, que originalmente solo fue investigada por la parapsicología, se abrió camino en el mundo de la psicología "clásica" y se convirtió en un método de terapia ampliamente utilizado y científicamente reconocido. De renombre mundial son las investigaciones sobre la reencarnación del psiquiatra estadounidense Ian Stevenson, que comenzó en la década de 1970. El físico Russell Targ desarrolló el término "visión remota" para sus experimentos, un tema popular para las teorías de conspiración en torno a la CIA y la KGB.

Este "auge" de la investigación parapsicológica duró hasta finales de los años 80 y luego disminuyó tan rápidamente como había comenzado en los años 70. En serio, la investigación parapsicológica representa solo una fracción de lo que se hizo en el campo a fines de los años ochenta. Sin embargo, esto también se debió a que la investigación no cumplió con las expectativas que se habían colocado en ellos. Aparentemente, los fenómenos sobrenaturales como la fotografía Kirlian se explicaron por el progreso técnico de este tiempo.

La parapsicología produjo muy pocos datos empíricos bien fundados. En 2001, la Universidad de Friburgo cerró el único antiguo Departamento alemán de Parapsicología.

La Universidad de Utrecht en los Países Bajos también disolvió su cátedra parapsicológica, la primera del mundo. Desde entonces, la investigación parapsicológica ha estado casi exclusivamente en manos de organizaciones privadas. En los Estados Unidos, las universidades de Virginia y Arizona todavía están haciendo investigación parapsicológica. En el Reino Unido, es la Universidad de Edimburgo, la Universidad Hope en Liverpool, la Universidad de Northampton y el Goldsmiths College en Londres.

La única institución de investigación parapsicológica financiada con fondos públicos en Alemania es la "Parapsychologische Beratungsstelle" en Friburgo de Brisgovia bajo la dirección de Walter von Lucadou.

La investigación parapsicológica ha dejado algunos rastros en la psicología. Además de la hipnosis ya mencionada, esto también se aplica a la psicología transpersonal y la psicología anómala. Estas disciplinas tratan los aspectos espirituales de la conciencia humana y buscan explicar experiencias aparentemente paranormales con la psicología convencional.

Parapsicología utiliza principalmente los siguientes métodos de investigación:

Recopilación, documentación y clasificación de informes paranormales espontáneos.

Métodos cuantitativos estadísticos, empíricos basados en parte en la teoría de la probabilidad.

El trabajo de campo

Experimentos de laboratorio bajo condiciones controladas y

Metaanálisis para la detección de psi (muy controvertido).

La parapsicología de hoy trata de acercamientos científicos lo más posible. Así, los testimonios son evaluados bajo factores fenomenológicos, sociológicos, emocionales, motivacionales, cognitivos, neuropsicológicos, psicodinámicos, socioculturales y psicológicos.

Uno trata de encontrar patrones comunes en las experiencias informadas y compara las colecciones de casos temporal y geográficamente diferentes. Los testimonios se clasifican de la siguiente manera: a) para lo que se denomina "modo PSI" en parapsicología y se basan en el número de fenómenos experimentados simultáneamente, p. Ej., Percepción simultánea de eventos telepáticos o clarividentes y precognitivos, b.) las formas de experiencia (presentimientos, alucinaciones, visiones y sueños simbólicos o realistas), c) el estado de conciencia en el que se experimentan las percepciones (estado de vigilia o sueño), d) la pregunta de si la persona que informa está consciente del significado de la experiencia, e ) por motivos psicológicos existentes o faltantes, f) por temas relacionados con el contenido yg) por personas de referencia.

En la investigación de campo, se investigan situaciones en las que los incidentes paranormales parecen ocurrir con más frecuencia. Se trata principalmente de apariciones en las que generalmente ocurren procesos inexplicables (sonidos, objetos en movimiento y otros) en presencia de ciertas personas que causan el espanto, conocidas como "personas de enfoque". El caso más famoso en Alemania de este tipo es el caso de Rosenheim. Una seria investigación pa-rapsicológica intenta documentar los eventos lo más objetivamente posible y excluir todas las posibles causas naturales y los intentos de fraude.

Los experimentos de laboratorio se centran en la percepción remota, la transferencia de pensamientos y los experimentos de psicoquinesis. Además, se están realizando experimentos para control remoto.

Los Experimentos de Teledetección estudian si los sujetos tienen la capacidad de obtener información sobre ubicaciones distantes u objetos distantes. Por ejemplo, puede dar al sujeto de prueba las coordenadas del objetivo específicas o una posición en un mapa de la ciudad o permitirles que describan lo que ven (qué casas están ahí, por ejemplo).

Tales intentos se han hecho en cientos. Pero no hay mucho más que una indicación de que la información de fotos distantes, paisajes reales o eventos se ha observado con mayor frecuencia que el promedio. Aquí, también, hay una cierta significación estadística. Sin embargo, estos efectos relevantes son muy bajos.

Lo mismo se aplica a los experimentos de transferencia de pensamiento. Dicho procedimiento puede ilustrarse con un ejemplo: el sujeto se sienta en un laboratorio protegido. Una segunda persona conduce un coche por la ciudad. Se detiene en cualquier punto, fotografía cualquier tema allí y se enfoca en él. El sujeto ahora tiene que averiguar qué tipo de imagen se está concentrando y dibujando la persona en el automóvil. El ejemplo viene de una película de crimen de los Estados Unidos de los años setenta. Pero similar a los experimentos reales, incluso si uno utiliza para simplificar principalmente en las tarjetas de entusiasmo.

De la misma manera, el ejemplo de película descrito se aplicó en la realidad: un agente viaja a cualquier destino, mira de 10 a 15 minutos y puede concentrarse en los contornos del lugar o incluso pensar en el receptor, el kilómetro sentado en una habitación protegida y hablando al mismo tiempo por un micrófono, lo que percibe. También hace bocetos. Esto sucede a una hora determinada, ya que el agente que envía el mensaje mental puede estar a miles de millas de distancia del receptor en el laboratorio.

En un experimento modificado de este tipo, el sujeto examinado debe registrar en el laboratorio qué agentes en una habitación contigua, al mismo tiempo, ven videos o imágenes. De hecho, este intento es uno de los experimentos más exitosos en parapsicología en las últimas décadas (Fuente: John McCrone: Enrolle para el examen de telepatía, In: New Scientist, No. 1873, 15 de mayo de 1993.).

En la investigación de laboratorio, con mucha frecuencia se utilizan generadores aleatorios, denominados "máquinas Schmidt", lo cual es especialmente cierto para experimentos en el campo de la psicoquinesia. Los dispositivos se basan, por ejemplo, en la desintegración radiactiva, por lo que se registran señales aleatorias de forma permanente. Los datos generados de esta manera son registrados y evaluados por una computadora. Un sujeto de prueba ahora debe tratar de cambiar la distribución de datos aleatorios por medio del pensamiento solo durante una duración de prueba predeterminada.

Según la parapsicología, también existe la posibilidad de influir en los pensamientos, las sensaciones o las funciones del sistema nervioso de una persona únicamente a través de los pensamientos, es decir, solo de forma mental. La abreviatura alemana para esto es "bio-PK", donde "PK" significa "psicoquinesia". Este efecto debe ser preferiblemente observable en personas cercanas, especialmente entre gemelos idénticos.

De hecho, se pueden hacer observaciones

similares con bastante frecuencia en la vida cotidiana: una hermana gemela sabe que la otra, que vive lejos, no se siente bien o que una madre siente que su hijo ha muerto.

El modelo explicativo utilizado para esto se basa nuevamente en observaciones físicas cuánticas: se supone que los objetos que alguna vez se unieron (gemelos en la misma célula ovular, el embrión con su madre, etc.) permanecen enredados en la mecánica cuántica después de su separación y, por lo tanto, reciben información de una parte Transferido a los demás.

De nuevo, este efecto no resiste la verificación experimental en términos de significación estadística. La razón principal de esto es que la parapsicología no se basa en valores estadísticos en estos experimentos, pero en muchos casos un solo compuesto funcional se considera un éxito. Nuevamente, la reproducibilidad de estos experimentos es muy limitada, por lo que no hay datos empíricamente sólidos en este                                        caso.

Un efecto similar al de la influencia alienígena es el sentimiento de ser mirado desde atrás, lo cual es sorprendentemente incluso percibido por los ciegos.

Estadísticamente, sin embargo, este efecto no tiene sentido.

Hoy en día, se acuerda que, aunque no es posible descartar la influencia de otras personas de manera consciente o inconsciente, el número de estudios de replicación independientes y modelos teóricos para explicar estos efectos es demasiado pequeño para proporcionar evidencia comprobada de la efectividad de este efecto. ,

Finalmente, los metanálisis son métodos estadísticos para la evaluación de resultados de investigación. Los resultados de diversos estudios individuales en un área de investigación se integran de manera sistemática, representativa y objetiva en forma de cantidades cuantitativas y se evalúan. Por las razones que se mencionan a continuación (palabra clave: "publicación selectiva"), la validez de los metanálisis en parapsicología es muy controvertida y, por lo tanto, no representa un método adecuado para la detección estadística de fenómenos paranormales.

## Hallazgos

Los hallazgos de la investigación parapsicológica son aún bastante tenues a pesar de décadas de esfuerzos; No se puede especificar un estado preciso de investigación. Los primeros éxitos, por ejemplo, a través de los experimentos de Joseph B. Rhine pronto cambiaron su carácter a coincidencias, cuanto más avanzada era la tecnología utilizada y más estrictas eran las condiciones de laboratorio. Los parapsicólogos consideran que la existencia de fenómenos psi puede probarse estadísticamente, incluso si ocurren muy raramente.

La evidencia estadística se proporciona en particular mediante metanálisis de experimentos sobre percepciones extrasensoriales (ASW) y psicoquinesis, pero estos análisis se consideran muy controvertidos. Los fenómenos "probados" de esta manera no son gravables ni adiestrables y se ven favorecidos por estados alterados de conciencia tales como la relajación, la hipnosis o la meditación.

También parece que dependen menos de las distancias espaciales o temporales que de los factores psicológicos, como los rasgos de la personalidad.

Aunque los parapsicólogos creen que se pueden identificar factores favorables como los mencionados anteriormente, actualmente no existen condiciones que puedan desencadenar los efectos, lo que significa que muchos de estos experimentos solo pueden compararse entre sí en una medida muy limitada. Los experimentos con generadores de números aleatorios en el campo de la psicoquinesia descritos anteriormente también muestran efectos estadísticamente constantes pero solo muy leves. Hay varias teorías, pero solo unos pocos datos comprobables.

El principal problema es la volatilidad de los experimentos. Ciertos experimentadores tienen mayores éxitos que otros. Esto se explica por los modelos que están cerca de las teorías de la física cuántica: los efectos psi se consideran, por lo tanto, como correlaciones no locales entre las fluctuaciones de la mecánica cuántica y un sistema psíquico que representa el observador.

En pocas palabras: en la física cuántica, se supone que los estados mismos se modifican mediante la observación de ciertos estados. Esto se transfiere aquí al observador o experimentador: únicamente por su observación, se modifican los fenómenos psi.

De esta manera, se intenta explicar la dependencia de los fenómenos psi observables en el material experimental.

Sin embargo, estas son actualmente solo teorías que no pueden ser probadas incluso después de décadas de investigación en esta área.

Hay otro problema con estas teorías: contradicen parcialmente los hallazgos de siglos de investigación científica o describen espacios multidimensionales con tantos errores o inexactitudes que no son tomados en serio por los científicos "reputados". Un ejemplo de esto es la teoría de la "Información pragmática" de Walter von Lucadou, que es criticada por el hecho de que los efectos descritos por ella no pueden investigarse científicamente y, por lo tanto, no pueden probarse.

Esta teoría asume un "cierre organizado" de la conciencia humana con objetos de su entorno, en el que las tensiones existentes "descargan" de una manera inconsciente, que se manifiesta en fenómenos espeluznantes. Algunos investigadores parapsicológicos han desarrollado una "teoría cuántica generalizada" que utiliza los efectos cuánticos conocidos por la física cuántica para explicar los efectos espirituales y psi.

La parapsicología actualmente está tratando de diferenciarse de los movimientos ocultos y esotéricos, que están inundando el mundo occidental en el curso del movimiento de la Nueva Era mencionado anteriormente. Uno se esfuerza por distinguirse por seriedad y precisión metódica de estos movimientos espirituales y espirituales. Sin embargo, actualmente hay más hipótesis que datos precisos.

Esta fue también la razón por la que incluso la CIA detuvo su investigación paranormal en 1995. Los beneficios no equilibraron el esfuerzo. Los datos suministrados eran demasiado inexactos; Los éxitos individuales se enfrentaron con una serie interminable de intentos fallidos. Y ni siquiera se trataba de la explicación de cómo y por qué deberían funcionar los experimentos, sino de sus resultados, especialmente el espionaje en el territorio soviético o posterior de Rusia y la detección de rehenes. Pero aquí, también, casi no había datos utilizables; La relevancia estadística de los resultados fue apenas superior al valor aleatorio.

También es cuestionable la calidad de los experimentos mismos. Aunque las ciencias "clásicas" reconocen que se están siguiendo estándares científicos en la organización y realización de experimentos, todo el campo de la parapsicología se basa más en la creencia en la existencia de estos fenómenos que en la búsqueda del conocimiento científico y sus resultados. , Una crítica recurrente es que los experimentos aparentemente exitosos a menudo se basan en inexactitudes en el desempeño, experimentadores poco entrenados y errores metodológicos, lo que también sucedió con los experimentos de Joseph B. Rhine.

La investigación de la reencarnación también fue criticada debido a errores metodológicos, ya que los métodos de interrogación en muchos casos no eran adecuados para identificar y evitar las sugerencias propias e inconscientes del interrogador.

Los metanálisis realizados en la investigación parapsicológica son criticados, porque en muchos casos aparentemente solo se evalúan los experimentos más exitosos y no todos los experimentos se llevan a cabo, sin importar el resultado que hayan tenido. La acusación aquí es "publicación selectiva"; En consecuencia, solo se publican estudios positivos o exitosos y no se publican estudios negativos o de resultados neutrales. Esta práctica también se ha observado en la medicina. Los metanálisis son un método estadístico para resumir los resultados de muchos estudios y determinar su importancia general, que puede ser mayor que la importancia de los estudios individuales. La importancia de los metanálisis depende de la sistemática de la búsqueda del estudio, su selección y la categorización de las diferentes características del estudio. No hace falta decir que los resultados de estos análisis serán falsificados si solo se evalúan los estudios exitosos.

Dado que este léxico se esfuerza por cubrir lo más posible todas las áreas de investigación y conocimiento psicológico, también presentaremos contribuciones del campo de la parapsicología como una ciencia de vanguardia de la psicología (si desea reconocer el rango de "ciencia"). Sin embargo, siempre se debe tener en cuenta que a veces incluso los casos individuales muy espectaculares son solo casos aislados y la calidad de la evidencia existente de estos fenómenos es extremadamente probable.

Visualización remota (percepción remota, experiencia fuera del cuerpo, proyección astral, hiperespacio)

Esta es la capacidad altamente controvertida de percibir personas, lugares, objetos o eventos únicamente a través de un tipo de expansión de la conciencia sin contacto directo e incluso en largas distancias. La teoría es que las personas referidas como "espectadores" ("videntes", "observadores" o "perceptores"), por el poder de su propia conciencia, visitan, observan y detallan cualquier lugar en la tierra, cualquier persona y cualquier evento. La información puede dar. Incluso se informa sobre la posibilidad de penetrar en la conciencia de la persona objetivo y extraer información de ella. Y esto no solo se aplica al presente, porque teóricamente, las percepciones remotas, independientemente del tiempo y el espacio, pueden tener lugar en el pasado o incluso en el futuro.

En el campo del esoterismo, este fenómeno se conoce como "experiencia fuera del cuerpo" o "proyección astral"; A los efectos de los términos "visión remota" y "percepción remota" utilizados aquí, es el tema de investigación en parapsicología.

## El hombre como ser de dimensión superior.

Para comprender la teoría detrás de la percepción remota, uno debe abandonar el terreno de las ciencias seguras, porque el fenómeno de la percepción remota es incomprensible de una manera física y científicamente explicable.

Los defensores de la visión remota asumen que los humanos tienen un componente físico y de mayor dimensión, que en el esoterismo se llama el "alma" (que no debe confundirse con la psicología psíquica) y algunos defensores de la visión remota desde países de habla inglesa Se llama un "componente subespacial". El término "subespacio", derivado del área de ciencia ficción, expresa lo mismo que el término "hiperespacio", que se usa más comúnmente en Alemania: es un espacio de dimensión superior que tiene grados adicionales de libertad en comparación con un espacio tridimensional, y Convive con el espacio tridimensional.

El hiperespacio es, por lo tanto, una construcción que va más allá del concepto normal de espacio.

El término hiperespacio, por otro lado, no se origina en la ciencia ficción, sino que se utilizó por primera vez en la segunda mitad del siglo XIX, cuando surgieron los conceptos matemáticos abstractos del espacio, que fueron más allá del espacio tridimensional de la intuición.

En opinión de los defensores de la visión remota, el espacio tridimensional o el universo cuatridimensional proporciona el cuerpo humano al que se agrega un componente de dimensión superior. Esotéricamente, el alma se encarna en el cuerpo. Este cuerpo a su vez trae consigo muchas restricciones debido a su construcción genética, ya que está diseñado y limitado a la percepción de las tres dimensiones del espacio y no permite ninguna percepción adicional. Según esta visión, el espacio y el tiempo en el universo de cuatro dimensiones es una ilusión pura creada por el funcionamiento de los sentidos humanos y confundida con la realidad humana. Sin embargo, esta ilusión se puede superar, al menos hasta cierto punto, entrenando ciertas características de la mente (el componente subespacial del hombre o, en el sentido esotérico, un entrenamiento de las "fuerzas del alma").

¿Se pueden aprender percepciones remotas?

Los defensores de la visión remota asumen que cada persona mentalmente sana tiene la capacidad de verla de forma remota. Él simplemente no lo ha abierto en su limitada por la visión del universo en cuatro dimensiones. Por lo tanto, no requiere las habilidades de los medios especialmente dotados, sino que, de acuerdo con este punto de vista, cada persona puede aprender esta habilidad a través de cursos o de autoaprendizaje. En Alemania y los Estados Unidos, por ejemplo, se han establecido varios institutos para tratar con la capacitación de usuarios remotos. Uno de los institutos más conocidos internacionalmente de este tipo es el "Farsight Institute" estadounidense, fundado por el Prof. Courtney Brown de la Emory University en Georgia, EE. UU. En 1995. Sin embargo, en Alemania no hay institutos establecidos internacionalmente con esta especialización; Hay muchos proveedores más pequeños aquí.

La historia de la visión remota.

No se puede rastrear exactamente cuando comenzó la historia de la percepción remota. En su libro "Viaje Cósmico" publicado en 1996, el profesor Courtney Brown cree que las habilidades visionarias de los profetas bíblicos y pre-bíblicos se basan en la visión remota.

Wikipedia escribe lo siguiente sobre la historia de la visualización remota:

"Ha habido informes repetidos de personas que supuestamente informaron correctamente los eventos en la distancia, y los peripientes (como Emanuel Swedenborg) pueden haber estado personalmente involucrados o escuchado telepáticamente el parentesco de familiares (las llamadas" apariciones de crisis " Los primeros intentos de respuesta libre fueron realizados por AW Thaw (1892), Upton Sinclair (1930, y su esposa, quien se enfocó en los objetos en una habitación contigua con la cual Sinclair registró sus impresiones). ) y René Warcollier (1938).

Sin embargo, la percepción remota ha sido estudiada sistemáticamente por los Estados Unidos. En 1970, el Instituto de Investigación de Stanford (SRI) comenzó en Menlo Park.

(Estado de California), que estaba afiliado a la Universidad de Stanford, intenta con un equipo de medios supuestamente dotados. El proyecto fue fundado por el físico estadounidense Harold Puthoff, al que se unió su colega Russell Targ. Los experimentos dieron lugar a la llamada visualización remota coordinada, que junto con las variaciones resultantes en el alemán actual se conoce generalmente como "visualización remota".

Desde 1973 hasta 1988 se experimentó intensivamente. Luego, en 1990, la Corporación Internacional de Aplicaciones de la Ciencia (SAIC) se hizo cargo del programa en Palo Alto, California. Su líder fue Edwin May.

Desde 1970, el proyecto de visión remota del gobierno de los EE. UU., Incluido el Ejército, la Armada, la NASA y el servicio secreto de la CIA, ha sido apoyado financieramente por el descubrimiento de una "brecha psíquica" con la Unión Soviética a principios de los años setenta. creído. El grupo de seis medios trabajó aislado en proyectos militares. Ella intentó z. Como misiles nucleares, sitios militares secretos y estaciones subterráneas por descubrir. A finales de los años setenta, la Agencia de Inteligencia de Defensa (DIA) se lanzó a la CIA y le dio al proyecto el nombre clave de Stargate. En 1989, el programa se declaró inicialmente secreto hasta que retiró el apoyo en 1995.

En 24 años, el gobierno había apoyado las actividades del pequeño grupo con un total de $ 20 millones. La justificación oficial de la postura de Stargate fue que el trabajo del grupo no hizo mucho.

También se realizaron experimentos de teledetección en la Universidad de Princeton, con el tipo de juego "precognitivo". Robert Jahn dirigió la PEAR (Princeton Engineering Anomalies Research) y presentó un informe teórico en los EE. UU. En el libro "Márgenes de la realidad" en 1987. Otra base fueron los experimentos de Ganzfeld de Charles Honorton de Edimburgo.

En el laboratorio, los sujetos examinados bosquejaron lo que habían visto de lo que los agentes vieron en una sala contigua en videoclips o imágenes, uno de los intentos más exitosos de parapsicología en las últimas décadas.

El Instituto de Áreas Fronterizas de Psicología y Salud Mental de Friburgo también hizo un intento de que el agente (Elmar Gruber) se quedara en Roma y el receptor (Marilyn Schlitz) escribiera en las impresiones de Minnesotaihre.

El informe de los experimentos exitosos se publicó en diciembre de 1980. "(Esto sucedió en: Elmar Gruber, Marilyn Schlitz: Transcontinental Remote Viewing. En: Journal of Parapsychology, Volumen 44, No. 4, diciembre de 1980, pp. 306-317. ).

Explicaciones

La búsqueda exploratoria de los proponentes se extiende a diferentes áreas; En particular, se utilizan modelos de psicología, física cuántica y parapsicología.

En el ámbito psicológico, uno se basa en el "inconsciente colectivo" introducido por CG Jung (que, a diferencia de la teoría de Jung, se entiende como una especie de nexo informativo inconsciente con el que todos los seres humanos están conectados en todo momento como una especie de "Internet invisible") o partes de las teorías.

El enfoque de Freud, según el cual el "aparato psíquico" del hombre se divide en consciente, preconsciente e inconsciente, según el cual los resultados de la visión remota provienen del inconsciente. En el sentido esotérico, el "Akasha Chronicle" tiende a usarse como un enfoque explicativo, que es una especie de "película astral" en la que se imprimen todos los eventos del pasado, presente y futuro que hayan ocurrido o hayan ocurrido.

La visión remota se entiende como la "inmersión" en esta esfera de información, que se logra mediante un tipo de estado meditativo. De acuerdo con este enfoque, la información fluye hacia el alma y la escritura inmediata de la información obtenida de esta manera crea espacio para nuevas personas que luego pueden "deslizarse". Así que uno se sumerge constantemente en esta esfera de información y vuelve. La escritura inmediata también se considera necesaria para que la razón y la imaginación no interpreten ni distorsionen lo que han recibido. Más bien, la información en bruto más inalterada debe ser preservada.

La información se presenta como inspiración, que, en opinión de los defensores, se basa en el hecho de que el objetivo llamado, da respuestas.

La tecnología de visualización remota.

"La naturaleza no lineal de la conciencia hace posible ver lugares y tiempos distantes sin tener que ir a ninguna parte". - Dr. Steven Greer.

Para decir una cosa de antemano: sin embargo, uno se apoya en este tema, la acusación de negligencia o incluso charlatanería deliberada no puede hacerse generalmente de los defensores de la visión remota. Puede, como en todas las áreas de la vida, dar a tales personas o proveedores; sin embargo, la investigación de este artículo ha dado como resultado una gran cantidad de enfoques que buscan lograr resultados serios y repetibles con seriedad y una metodología cuidadosa.

La cuestión de la trazabilidad real y la verificabilidad objetiva de los resultados deberán tratarse en otra parte de este artículo; En cualquier caso, en la actualidad, se puede afirmar que existen esfuerzos serios en las filas de los defensores de la visión remota para tratar este tema y encontrar explicaciones para el fenómeno.

Los proponentes de la visualización remota esperarán idealmente una sesión con al menos dos participantes: un observador o monitor (o "monitor" o "entrevistador") y un "espectador". El supervisor asume la función de gestión: guía al espectador a través de la sesión, supervisa su estado y verifica el cumplimiento de los protocolos.

Uno lo ve como ideal, si el monitor está entrenado psicológicamente y puede guiar al espectador cuando surgen problemas en consecuencia. También se pueden formar grupos más grandes, en los que varios espectadores tratan con el mismo objetivo ("objetivo"); Además, el monitor y el espectador pueden intercambiar roles durante dichas sesiones.

En este punto, los proponentes atribuyen importancia a la observancia de un protocolo, porque uno quiere, independientemente de toda crítica externa, lograr resultados útiles y excluir la manipulación. Por esta razón, las sesiones se llevan a cabo principalmente en "modo doble ciego".

Doble ciego significa que ni el monitor ni el espectador conocen el objetivo (lo que, por supuesto, tiene un sentido especial si intercambian roles durante una sesión). La intención detrás de la práctica de doble ciego es que el espectador sin conocimiento de la meta puede aportar poca imaginación e interpretación.

Si el monitor no conoce el objetivo, no puede llevar inconscientemente al espectador a un resultado deseado con preguntas sugerentes.

Antes de la sesión, un objetivo se establece primero. El objetivo de la sesión es obtener información sobre este objetivo. El objetivo se establece en el caso ideal, sin la participación del monitor y el espectador, que tampoco reciben información en la sesión. Este es el clásico ajuste "doble ciego".

Si el monitor conoce el objetivo, solo el espectador está "ciego". Si el espectador conoce el destino, se lo denomina configuración "precargada" o "cargada por la parte frontal". Esta configuración requiere un alto grado de disciplina mental, concentración y práctica del espectador.

El espectador debe tener su mente bajo control para que no proporcione ideas e interpretaciones que puedan distorsionar los datos en bruto. Los defensores consideran que es necesario que el espectador se someta a ejercicios de relajación o meditación, especialmente antes de comenzar una sesión de "carga frontal", para ganar control sobre sus mentes.

Se considera necesario que el objetivo no sea aburrido, sino que sea lo más interesante posible. Además, el objetivo debería existir realmente y no crearse artificialmente, por ejemplo, en un fotomontaje como objetivo. La combinación de fantasía y realidad en un objetivo puede afectar la sesión, ya que el espectador identificará datos sin sentido con respecto a los aspectos no reales del objetivo. De acuerdo con la opinión favorable, un espectador experto debería poder exponer falsificaciones como tales.

La formulación del objetivo también juega un papel importante. Los objetivos mal entendidos o demasiado bien formulados conducen a resultados falsos o distorsionados porque las frases poco claras abren un marco interpretativo que conduce a una mayor variedad de formas de describir el objetivo.

La descripción del objetivo debe hacerse en la opinión de los proponentes en una hoja de papel en blanco en la parte posterior de la cual también puede ser nada. De acuerdo con esta opinión, tampoco se debe utilizar papel, que se arrancó de los documentos ya inscritos. La información contenida en el documento original aún puede estar relacionada con el pedazo de papel que supuestamente está vacío y se ha desprendido y ha dejado su marca en la pieza demolida. Por lo tanto, en esta opinión, no se deben usar páginas en blanco arrancadas de un cuaderno o páginas en blanco u hojas de un diario.

Los objetivos deben colocarse en sobres neutros, por lo que son blancos. Luego se etiquetan con el ID de objetivo, que, en opinión de los defensores, idealmente no consiste en una breve descripción o un título, sino en una secuencia de dígitos, más típicamente una secuencia de tres grupos de números separados por guiones. De esta manera, a cada objetivo se le puede asignar un número de identificación único.

El objetivo se vinculará a este número para que no piense en otra cosa que no sea el objetivo durante la descripción del sobre. Aquí va a explicar, un poco no científico, el enfoque de la física cuántica. Por lo tanto, la vinculación del objetivo con el número de identificación conduce a un enredo de "cuantos de información".

Si piensa en las letras del sobre ahora para otra cosa, el espectador podría encontrar esto durante la sesión y distraerse con esta vista. Con el fin de garantizar la doble ceguera, generalmente se forman los llamados "grupos de destino".

Se definen varios objetivos y se proporcionan con ID de destino. Como regla general, las agrupaciones de destino están ordenadas por tema. Para una sesión, se selecciona una aleatoria de este grupo objetivo. Si hay varias agrupaciones de destinos (es decir, varias áreas temáticas en las que desea monitorear), puede seleccionar una adecuada y seleccionar un objetivo de ella.

Para no arriesgarse a la "cuantización de la cantidad de información" no deseada, según este punto de vista, las diversas envolturas de una agrupación no deben mantenerse bajo ninguna circunstancia, sino que deben mantenerse separadas una de otra.

Los defensores consideran que es importante que el objetivo, por así decirlo, "se ajuste" al espectador, que hace contacto con el objetivo. Según esta vista, el objetivo "envía" la información.

El objetivo es, por lo tanto, no solo observado pasivo, sino que envía en esta opinión activamente información, incluyendo sentimientos. El espectador, a su vez, también reacciona con sentimientos hacia el objetivo. Para evitar poner al espectador en una situación problemática, idealmente, ciertos temas se excluyen antes de la sesión.

Al espectador también se le pueden presentar los sobres provistos con la identificación del objetivo correspondiente para que pueda hacer una preselección intuitivamente.

Después de la sesión, algo debe seguir lo que se llama "desintoxicación", que significa "desintoxicación". Según los defensores, un espectador puede "enredarse" en un objetivo, es decir, desarrollar un enlace al objetivo que va más allá de la sesión. La desintoxicación, que puede estar en un ritual individual, se aplica idealmente inmediatamente después de la sesión para cortar cualquier enredo con el objetivo.

Los defensores recomiendan utilizar técnicas de relajación como la meditación o el entrenamiento autógeno antes de la sesión para mejorar su propia intuición, incluso cuando el espectador no está "cargado de frente".

También debe reducirse cualquier presión (por ejemplo, expectativas propias de la sesión), lo que podría distorsionar el resultado. En este contexto, también se recomiendan los latidos binaurales para intensificar la cooperación de ambas mitades del cerebro.

Además, se desaconseja el uso de sustancias intoxicantes o de efecto general antes de una sesión. Los defensores también recomiendan que solo asistan a una reunión en un estado mental equilibrado. También presta atención a un entorno que no permite interferencias (los teléfonos están apagados, la radio y la televisión están apagadas, lo ideal es que no se escuche ruido de tráfico, etc.).

Es cuestionable cómo el espectador alcanza esto con un sobre designado solo con un ID de destino sin conocimiento del objetivo. Aquí se supone que el "componente de dimensión superior" de los humanos puede asignar la ID del objetivo al objetivo. El cerebro electroquímico no puede hacer nada con la identificación del objetivo; Sin embargo, el componente de dimensión superior, cuyas capacidades de percepción van mucho más allá de la vista favorable, puede asignar la ID del objetivo al objetivo que el espectador desconoce deliberadamente y al objetivo. En esta opinión, las sesiones doble ciego producen incluso los mejores resultados.

Una sesión de visualización remota generalmente consta de varios niveles definidos en un protocolo del Instituto de Investigación de Stanford (SRI). Por lo tanto, cada nivel permite una diferenciación cada vez mayor de la información de destino. La primera etapa es para el contacto puro.

En la segunda etapa, se recopilarán más datos y luego se desarrollarán y refinarán en las etapas 3 a 6. Cuanto más alto sea el nivel, más detallados serán los datos recopilados a través del objetivo respectivo. La tercera etapa ya debería ser capaz de proporcionar datos tan precisos que el objetivo (desconocido en el caso ideal descrito anteriormente) ya se pueda nombrar, lo que, sin embargo, de acuerdo con la opinión favorable debería ser posible incluso con etapas anteriores en espectadores más experimentados.

Parece depender de cuándo el espectador alcanza un estado de hundimiento lo suficientemente profundo como para dejar de lado la mente y sus interpretaciones. El protocolo SRI distingue los niveles de la siguiente manera:

Producción del ideograma (dibujo de la línea de señal) y contacto inicial con el objetivo,

Recopilación de impresiones sensoriales del área objetivo, que afecta a los 5 sentidos,

Dibujo del objetivo (inicialmente en la forma de un bosquejo aproximado), evaluación cualitativa y cuantitativa de los aspectos característicos del área objetivo,

Consultando la línea de señal dibujada en el primer paso también

Crear un modelo tridimensional.

Además de los 6 niveles mencionados anteriormente, también se han desarrollado otros, pero estos también son controvertidos entre los defensores. En la séptima etapa nos ocupamos de análisis adicionales, en la octava con señales telepáticas, en la novena con señales fonéticas, en la décima con "mente sobre la materia" y en la undécima con cambios de realidad dimensional en la zona de destino. Incluso entre los defensores, estos niveles se consideran apenas investigados e implican el riesgo de desestabilizar mentalmente al espectador.

Aparición fantasmal Qué vista: la racional agente del FBI, Scully, gritó su corazón mientras se enfrentaba a uno de los fantasmas que buscaba. Era divertido mirar mientras buscaba ansiosamente una explicación para todo. Incluso los dos fantasmas Ed (Edward Asner) y Lily (Lily Tomlin) fueron una gran pareja, lo que le dio al episodio algo único. Por supuesto, no es solo un episodio divertido.

Muchas personas vieron fantasmas o fenómenos similares y estaban seguros de que no era imaginación. Las historias sobre contactos con las almas de los muertos son todas de alguna manera similares. Testigos presenciales vieron una figura blanca y transparente que su observador no notó. No sucede muy a menudo que un fantasma contacte directamente a una persona sin ninguna influencia, como a través de una sesión.

En otros casos, los fantasmas son un disturbio para los vivos. Tocan puertas, paredes y otras cosas, o mueven armarios, camas o cosas más pequeñas como libros. Este rostro de Radau en la piedra se atribuye principalmente a los poltergeists. Suelen ser inofensivos y en ocasiones atraen la atención con buena razón.

Una razón es, por ejemplo, El poltergeist no quiere ser molestado. En 1971, aparecieron caras en el suelo en una habitación de una casa en Belmez,

España. Cuando la señora María Pereira, residente de la casa, encontró su primera sonrisa en el suelo, hizo que su hijo rompiera la parte del suelo de piedra, pero con el tiempo aparecieron más y más caras. Incluso la mirada de las muecas cambió. Algunos de ellos tenían una mirada furiosa y agresiva en la cara que los locales los cubrían. Debajo, los rasgos faciales continuaron impresionando a través de la hoja. Algunos de ellos fueron cortados del suelo y mostrados a otras personas. Después de realizar una excavación en este punto, se encontraron restos humanos debajo. Aparentemente hubo una vez un cementerio en el mismo lugar. La imagen de la derecha muestra una de estas caras de piedra, y si te das cuenta de que incluso se movieron, no querrías poner un pie en esta habitación nunca más.

Los fantasmas de Banshee y otras leyendas se conocen principalmente en Gran Bretaña. Allí puedes escuchar muchas historias sobre espíritus especiales. Un banshee es un espíritu irlandés que hace terribles gritos. Cualquiera que escuchara el grito de esta banshee estaba seguro de que un amigo moriría pronto. Las propias víctimas nunca escucharon el lamento.

Del mismo modo, nunca ves a esta hada. Sin embargo, debería haber personas que hayan descrito esto como una apariencia verde y femenina que podría flotar en el aire. Un maestro panadero en Irlanda escuchó un grito sordo una noche, que lentamente se estaba volviendo cada vez más estridente y atravesó los nudillos. Al día siguiente se enteró de que uno de sus empleados murió anoche. ¿Fue eso una muerte? Un soldado en un puente es también una figura de la muerte que se ve a menudo durante la guerra. ¿Existe también una conexión entre los vivos y los muertos?

Una superstición británica incluso fue enviada a América: el perro negro. En Inglaterra se creía que la primera muerte volvería a un nuevo cementerio y sería condenado a custodiar el cementerio por toda la eternidad.

Durante muchos siglos, los residentes mataron a un perro grande y enterraron el cadáver por primera vez en el nuevo cementerio. El espíritu del perro es ahora el guardián de todas las tumbas futuras. También parece ser un protector de los vivos. A principios del siglo XIX, una mujer de mediana edad iba camino a casa cuando un perro grande y negro se acercó a ella. Tenía miedo del gran animal, pero no duró. Un grupo de trabajadores borrachos pasó junto a la mujer y le dijo qué harían si ella no llevara a este perro con ella. Cuando los borrachos continuaron, el perro había desaparecido.

Sucedió cerca de un cementerio. Los perros negros, o perros negros, siempre se ven cerca de cementerios e iglesias, a veces incluso durante un funeral. En la puerta de la iglesia en Blythburgh,

Suffolk se pueden ver rasguños de un animal grande.

Hay algunos rumores sobre un perro fantasma que intenta entrar a la iglesia. Los espíritus de los animales mismos se han visto muchas veces.

Una ansiosa scully

Si alguien perturba el sueño de los muertos, puede traer su ira sobre ellos. El ejemplo con las caras es relativamente inofensivo en comparación con las acciones de un poltergeist. Aunque se mencionó anteriormente, los poltergeists son generalmente inofensivos, pero no siempre son pacíficos como se pensó primero.

Eleonore Zugun de Rumania, de 12 años, resultó herido más de una vez por un poltergeist. La mente la mordió y la arañó, con las lesiones repentinamente apareciendo de la nada en su rostro y en su cuerpo. El cazador de fantasmas Harry Price examinó a la niña e incluso durante sus observaciones aparecieron mordiscos y rasguños. Un examen de los restos de saliva sobrantes mostró que no era ni propio ni de la saliva de un miembro de la familia.

Una vez, incluso una herida apareció en forma de texto. ¿Tal vez ella lastimó a un fantasma por venganza porque él estaba perturbado? Los científicos están seguros de que la mayoría de los casos de fantasmas son solo una forma de psicoquinesia.

Hubo una prueba con ex soldados.

Durante la hipnosis se les dijo que tenían una quemadura en el brazo izquierdo. Después de unos minutos realmente podrías ver una quemadura en algunos de ellos. Hubo dos explicaciones: con la ayuda de la hipnosis, algunas personas pueden desarrollar un tipo de psicoquinesia y se les sugirieron lesiones, que aparecieron un poco más tarde. Así se hicieron daño a sí mismos. La segunda es que fue una vieja herida que salió de nuevo. Solo había muchos soldados y todos con una quemadura en el brazo izquierdo. Es tan extraño como las historias de fantasmas.

Los cuerpos de Mulder y Scully.

Casos conocidos de apariciones de fantasmas ocurrieron en la Casa Blanca y la mayoría son sobre Abraham Lincoln. Cuando Lincoln fue presidente, su esposa participó en algunas sesiones.

Hay rumores de que incluso Lincoln participó en sesiones para establecer contacto con su hijo muerto, William. Después de la muerte de Abraham Lincoln, a menudo se lo veía como un fantasma en la Casa Blanca. La reina Wilhelmina de Holanda escuchó pasos en la Casa Blanca.

Después de que alguien llamó a su puerta, la abrió y vio a Abraham Lincoln de pie ante sus ojos. Incluso los presidentes Eisenhauer y Truman sintieron su presencia durante su mandato.

En la década de 1980, la hija de Reagan vio a Lincoln cuando apareció de repente en su habitación.

¿Verdad o imaginación?

Los fantasmas son monstruos terribles en las películas, pero en la vida real son mucho más espeluznantes. Nuestra curiosidad crece cuando escuchamos de ellos. Tal vez los fantasmas nos dan un sabor de la vida después de la muerte. Tal vez no sean tan raros como creemos. Podría ser que justo detrás de ti una mano llegue a tus hombros ...

Fuente: Hay extractos de material de www.wikipedia.de incluido (parcialmente revisado). Fuente adicional: Krippner, S. (1977-1997). (Ed.). Avances en la investigación parapsicológica, vols. I-VIII. Nueva York: Plenary Press 1977-1982; Jefferson, NC y Londres: McFarland 1984-1997.